A EDUCAÇÃO FÍSICA NO ENEM

experiências da prática pedagógica

Editora Appris Ltda.
1.ª Edição - Copyright© 2024 do autor
Direitos de Edição Reservados à Editora Appris Ltda.

Nenhuma parte desta obra poderá ser utilizada indevidamente, sem estar de acordo com a Lei nº 9.610/98. Se incorreções forem encontradas, serão de exclusiva responsabilidade de seus organizadores. Foi realizado o Depósito Legal na Fundação Biblioteca Nacional, de acordo com as Leis nos 10.994, de 14/12/2004, e 12.192, de 14/01/2010.

Catalogação na Fonte
Elaborado por: Josefina A. S. Guedes
Bibliotecária CRB 9/870

L768e
2024
	Lira, Gustavo José Silva de
	   A Educação física no ENEM experiências da prática pedagógica / Gustavo José Silva de Lira. – 1. ed. – Curitiba: Appris, 2024.
	     197 p. ; 22 cm.
	
	   Inclui referências.
	   ISBN 978-65-250-5751-4
	
	     1. Educação física. 2. Pratica de ensino. 3. Estudantes do ensino médio – Avaliação. 4. Universidades e faculdades - Vestibular. I. Título.
	                                                      CDD - 796

Livro de acordo com a normalização técnica da ABNT

Appris
editora

Editora e Livraria Appris Ltda.
Av. Manoel Ribas, 2265 – Mercês
Curitiba/PR – CEP: 80810-002
Tel. (41) 3156- 4731
www.editoraappris.com.br

Printed in Brazil
Impresso no Brasil

Gustavo José Silva de Lira

A EDUCAÇÃO FÍSICA NO ENEM

experiências da prática pedagógica

FICHA TÉCNICA

EDITORIAL	Augusto Coelho
	Sara C. de Andrade Coelho
COMITÊ EDITORIAL	Marli Caetano
	Andréa Barbosa Gouveia - UFPR
	Edmeire C. Pereira - UFPR
	Iraneide da Silva - UFC
	Jacques de Lima Ferreira - UP
SUPERVISOR DA PRODUÇÃO	Renata Cristina Lopes Miccelli
ASSESSORIA EDITORIAL	Daniela Nazário
REVISÃO	Ícaro Weimann Aguiar
DIAGRAMAÇÃO	Gabriel Santana Fesan
	Renata Cristina Lopes Miccelli
CAPA	Gabriel Santana Fesan
	Bianca Semeguini
REVISÃO DE PROVA	Jibril Keddeh

COMITÊ CIENTÍFICO DA COLEÇÃO EDUCAÇÃO FÍSICA E ESPORTE

DIREÇÃO CIENTÍFICA	Valdomiro de Oliveira (UFPR)
CONSULTORES	Gislaine Cristina Vagetti (Unespar) — Arli Ramos de Oliveira (UEL)
	Carlos Molena (Fafipa) — Dartgnan Pinto Guedes (Unopar)
	Valter Filho Cordeiro Barbosa (Ufsc) — Nelson Nardo Junior (UEM)
	João Paulo Borin (Unicamp) — José Airton de Freitas Pontes Junior (UFC)
	Roberto Rodrigues Paes (Unicamp) — Laurita Schiavon (Unesp)
INTERNACIONAIS	Wagner de Campos (University Pitisburg-EUA)
	Fabio Eduardo Fontana (University of Northern Iowa-EUA)
	Ovande Furtado Junior (California State University-EUA)

Dedico este livro a minha mãe, Maria Goretti Silva de Lira (in memoriam), por ter sido, certamente, a pessoa que conheci que mais acreditou no meu potencial. A ela, que durante 15 anos participou ativamente de minha formação humana e acadêmica, meus emocionados agradecimentos.

*Tudo tem o seu tempo determinado,
e há tempo para todo o propósito debaixo do céu.*

Eclesiastes 3:1

AGRADECIMENTOS

Alguns consideram que é "clichê", mas eu e Ele sabemos que passa muito longe disso: meu primeiro e maior agradecimento é a Deus, Aquele que conhece cada um dos meus passos, e abençoa cada uma de minhas conquistas, que são d'Ele!

Agradeço aos meus familiares, que sempre estiveram comigo nessa jornada chamada vida. Passamos por muitos percalços e enfrentamos muitas lutas, mas conquistamos muitas vitórias e aprendizados também.

Agradeço a minha esposa, Adail (Ninha), mulher que foi colocada ao meu lado para ser minha grande parceira neste mundo. Muito obrigado pela contribuição quanto a minha dificuldade por vezes com a tecnologia e nos gráficos. Mas tenho muito mais gratidão por saber do seu papel na minha vida e em nossa família. Vamos juntos até o momento que encontrarmos o SENHOR face a face.

Ao meu filho Samuel Lira, não sei mensurar a alegria que é tê-lo em minha vida. Cada passo meu, cada conquista minha, é NOSSA, porque você é um estímulo quando a caminhada está difícil.

Aos meus colegas de Mestrado por compartilharem comigo as angústias, as alegrias, os avanços, mas fundamentalmente por contribuírem com a Educação Física pernambucana e do país.

Meu agradecimento particular a João Paulo Oliveira. Eu sei que nada é por acaso. Eu tinha que entrar no Mestrado junto com você. Eu tinha que aprender a conviver com você. Estava desenhado que construiríamos uma amizade pautada também no acadêmico, mas principalmente no respeito, no carinho, na reciprocidade de duas pessoas tão diferentes, com posturas e ideias tão díspares, mas que foram unidas para sempre. Tamo junto, meu irmão!

Agradeço aos meus professores no Mestrado: Profa. Dra. Maria Tereza Cattuzo, Prof. Dr. Iraquitan Caminha, Prof. Dr. Marcílio Souza Junior, Prof. Dr. Pierre Normando, Prof. Dr. Marcelo Tavares e Profa. Dra. Livia Brasileiro. Muito obrigado pela contribuição riquíssima a minha formação!

Agradeço particularmente ao professor Iraquitan Caminha. Seu jeito de tratar o conhecimento em aulas abriu meus olhos para além do fazer acadêmico produtivista. É um encanto sem medidas ouvi-lo e ainda mais por me fazer acreditar que é possível estar na academia sem deixar de lado os nossos preceitos cristãos.

Minha enorme gratidão à banca examinadora de minha dissertação: Profa. Dra Suraya Darido, Prof. Dr. Henrique Kohl, Prof. Dr. Iraquitan Caminha, Prof. Dr. Marcílio Souza Junior e Profa. Dra. Ana Rita Lorenzini. Toda contribuição levou a uma qualificação do trabalho em aspectos que eu nem imaginava. Deixo-lhes o meu muito obrigado!

Agradeço a Solange Bispo, que, com seu cuidado e disposição, revisou meu texto para além até do que eu havia pedido. Deus a retribua ricamente!

Aos meus queridos estudantes. Por vezes nos estranhamos no cotidiano difícil e corrido que temos. Mas a relação que construímos durante esses anos é muito valiosa para mim enquanto pessoa e professor.

Aos mediadores pedagógicos da escola estudada, que em muito contribuíram para a consecução deste trabalho. O meu carinho, admiração e agradecimento pela caminhada.

Ao meu diretor, que nem gosta de ser chamado assim, mas que é um homem que aprendi a respeitar, a admirar e a seguir seus passos como educador e ser humano. Sempre muito solícito quando precisei, e que me ensinou muito a ser o professor que sou hoje.

Por fim, e com um carinho mais do que especial, meus agradecimentos ao meu orientador e amigo Marcelo Tavares. Neste exato momento olho para trás e percebo seu cuidado nas mínimas coisas. Eu não podia ter outro orientador nesse processo. Se hoje estou entregando esta dissertação, você tem papel decisivo. Muito mais do que apenas pela orientação, mas porque você sempre acreditou que eu podia reaver o caminho que perdi por escolhas equivocadas. Nunca, nunca mesmo, conseguirei agradecer por completo por tamanha consideração.

PREFÁCIO

O texto apresenta um tema inquietante para a prática pedagógica da disciplina curricular Educação Física, o qual investigou experiências dessa prática relacionadas com a inserção dos conteúdos desta disciplina no Exame Nacional do Ensino Médio (ENEM) em uma escola da cidade do Recife. Esta delimitação revela aproximações às experiências do próprio pesquisador na escola em que lecionava, além da preocupação do mesmo em estudar tanto esse exame via currículo em geral como os programas de ensino referentes a disciplina em voga no Ensino Médio. Pesquisa essa que se justificava pela contribuição ao debate nacional:

> Acerca da construção da legitimidade da Educação Física na escola a partir da reflexão sobre o que é viável construir coletivamente como conhecimento e a compreensão de como uma avaliação de larga escala, como o ENEM, pode servir como instrumento regulador de currículos, negando, por vezes, conhecimentos de extrema valia para a comunidade escolar (Lira, 2023, p.153).

Assim, convido a todos e todas para apreciarem o conteúdo do referido texto que apresenta significativas contribuições para a Educação Física no Ensino Médio, como: análises dos documentos oficiais publicados pelo MEC; ENEM e Educação Física; realidade da Instituição Investigada; experiências da Educação Física na escola com o ENEM.

Ao adentrar no estudo o leitor e a leitora poderão apreciar que o novo ENEM coloca a Educação Física no campo das discussões referentes as avaliações externas, mas por outro lado também orienta-se para as consequências desagradáveis, na medida em que os docentes podem priorizar, no cotidiano de suas práticas pedagógicas, aqueles conteúdos que de alguma forma estiveram mais presentes nesse exame, podendo deixar de lado outros conteúdos que também são importantes para a formação dos jovens na etapa final da escolarização básica.

Mesmo considerando que a Lei de Diretrizes e Bases da Educação Nacional, de 1996, tenha ampliado possibilidades de trato com os conteúdos, possibilitando aos docentes maior diversidade para a prática pedagógica com base na cultura corporal, essa distância entre o discurso e a prática dos docentes diante do chamado "Novo ENEM" pode também provocar um impacto na escola frente a sua instauração, pelo fato de alguns docentes darem mais ênfase em suas aulas a uma possível 'teorização' dos conteúdos, negligenciando o trato com os conhecimentos nos espaços usuais, como a quadra, salas de dança e ginástica, dentre outros.

Sem sombra de dúvidas que este estudo trará pontos fundamentais para a reflexão dos profissionais da área, os quais enriquecerão as suas práticas pedagógicas no Ensino Médio, ampliando e qualificando os seus argumentos para o debate sobre as avaliações externas à escola, como é o caso do Novo ENEM, além de revelar que a inserção de questões referentes a Educação Física nesse sistema de avaliação é um avanço considerável para a área, pois esse debate estará presente nas diversas realidades nas aulas de Educação Física das escolas brasileiras. Contudo, pode-se destacar que essa avaliação não possibilita revelar a grande riqueza e diversidade das aprendizagens que essa disciplina propicia na prática pedagógica com base na cultura corporal. Por outro lado, pode-se reconhecer a importância dessa avaliação que verifica as aprendizagens dessa disciplina como parte integrante do currículo da escola, notadamente no último segmento do currículo escolar.

Ao investigar uma determinada realidade escolar, a qual é reconhecida pela sua qualidade social, procura-se dar saltos, avanços durante a regência dos conhecimentos da cultura corporal através das práticas corporais e da avaliação sistemática com base numa construção histórica e cultural. Assim sendo:

> Não foi necessário preparar estudantes para uma prova. Não foi necessário separar aulas com essa finalidade. Não se adotaram discursos prontos de cursinhos preparatórios para exames externos. Apenas houve trato com conhecimento, contextualizado, dinâmico, com atuação direta dos estudantes, e envolvimento dos atores com a finalidade de ampliação do conhecimento sistematizado. Os medos, os fracassos, as falhas do processo apenas serviram/servem como estímulo e aprendizado para que, a cada aula, a cada unidade didática, deem-se saltos qualitativos nas experiências da prática pedagógica relacionadas ao ENEM nessa escola-campo, situada na cidade do Recife/PE" (Lira, 2023, p.153).

No estudo do campo pôde-se identificar a impecabilidade com a pesquisa do ponto de vista metodológico, revelando uma prática pedagógica com base na ação-reflexão-nova ação, possibilitando contribuições relevantes a partir do entendimento dos sujeitos envolvidos, em especial os estudantes que assumiram um papel fundamental, numa relação dialógica docente-estudantes, sem diminuir o trato com o conhecimento do docente durante todo o processo de ensino-aprendizagem.

Marcelo Soares Tavares de Melo
Professor Doutor e Livre-docente
Escola Superior de Educação Física da Universidade de Pernambuco

SUMÁRIO

1 INTRODUÇÃO 17

2 PROCEDIMENTOS METODOLÓGICOS 23
2.1 Método 23
2.2 Procedimentos técnicos da pesquisa 25
2.3 Sujeitos da pesquisa 31
2.4 Procedimentos de coleta de dados 32

3 A EDUCAÇÃO FÍSICA NOS DOCUMENTOS OFICIAIS: ANALISANDO AS PROPOSIÇÕES 35
3.1 Os Parâmetros Curriculares Nacionais para o Ensino Médio (PCNEM) 35
3.2 As Orientações Educacionais Complementares aos Parâmetros Curriculares Nacionais (PCN+) 38
3.3 As Orientações Curriculares para o Ensino Médio (OCEM): a evidência da avaliação como meio de verificação do processo 40

4 A INSTITUIÇÃO DO ENEM E A INSERÇÃO DA EDUCAÇÃO FÍSICA NO EXAME 43
4.1 A criação do ENEM em um primeiro momento: uma nova visão de avaliação 43
4.2 O novo ENEM: a constituição das áreas de conhecimento 47
4.3 Competências e habilidades: conhecendo os conceitos para compreender a lógica do ENEM 49

5 ANÁLISE DAS QUESTÕES QUE ENVOLVEM CONHECIMENTOS RELATIVOS À EDUCAÇÃO FÍSICA NAS PROVAS DO ENEM 53

6
UM BREVE HISTÓRICO E A REALIDADE DA ESCOLA EM ESTUDO... 69
6.1 Marcos importantes da escola e seus resultados em avaliações externas 70
6.2 Pressupostos teóricos da escola 71
6.3 Práticas pedagógicas do Ensino Médio 72
6.4 Princípios para a Educação Física 73

7
EDUCAÇÃO FÍSICA NO ENEM: UM OLHAR SOBRE AS EXPERIÊNCIAS DA ESCOLA 77
7.1 Educação Física e ENEM na visão dos estudantes 77
7.2 Educação Física e ENEM nas falas da gestão escolar e pedagógica 106
7.3 As experiências nas aulas de Educação Física 123

8
CONSIDERAÇÕES FINAIS 145

9
REFERÊNCIAS 149

APÊNDICES 155

ANEXOS 161

QUESTÕES DO EXAME NACIONAL DO ENSINO MÉDIO – CONTEÚDOS REFERENTES À EDUCAÇÃO FÍSICA 168

1

INTRODUÇÃO

O novo Exame Nacional do Ensino Médio (ENEM) pode trazer uma contribuição ao colocar a Educação Física no campo das discussões acerca das avaliações externas, porém também pode trazer consequências desastrosas na medida em que professores podem considerar como únicos conteúdos pertinentes aqueles que com frequência "aparecem" nos exames, ano após ano, abolindo, a partir disso, aqueles temas que, por alguma razão, forem negligenciados ou pouco cobrados no ENEM.

Para Cazetto et al. (2009, p.1), "pensar em um exame nacional que envolva a Educação Física, significa aceitar que pelo menos alguns conteúdos são comuns, básicos, necessários e passíveis de democratização a toda a população escolar neste nível no Brasil". Já Fensterseifer et al. (2013) alertam para algo que parece razoável, refletindo sobre a ausência de componentes curriculares, como a EF, em avaliações externas.

> A partir do momento que exames como o ENCCEJA[1] e o ENEM, enquanto políticas de monitoramento, tornam-se instrumentos de avaliação dos conhecimentos relativos ao ensino médio e fundamental, soaria estranho não contemplar algum dos componentes curriculares que fazem parte dessas etapas de formação, logo, a EF não poderia ficar de fora, mesmo considerando as dificuldades que este esforço significa. Dificuldades não só resultantes da tradição da área, mas da heterogeneidade do que acontece sob a rubrica desta agora "disciplina" e também da especificidade do conhecimento que veicula (pp.357-358).

Discutir sobre as implicações da Educação Física presente no ENEM traz, então, para a escola a importante contribuição ao debate em torno das avaliações externas por uma área que historicamente não participava dessas discussões, além do fato de subsidiar professores que porventura estejam considerando-se "perdidos" nesse processo, haja vista que somente em 2009

---

[1] Exame Nacional de Certificação de Competências de Jovens e Adultos.

a Educação Física entra como componente a ser avaliado no ENEM na área de Linguagens, Códigos e suas Tecnologias.

> A inclusão da EF na avaliação do Enem contribui em primeiro lugar para problematizar as ações pedagógicas na escola e na busca de um mínimo de unidade na área em nível nacional, e não apenas para atribuir conceito aos educandários e aos alunos (FENSTERSEIFER et al., 2013, p. 358).

Há, portanto, a necessidade premente de debater, especialmente entre os envolvidos com o segmento do Ensino Médio, essa inclusão no ENEM por parte da EF com vistas a elucidar pontos importantes nessa problemática. Segundo Cazetto et al. (2009, p.1), "a Lei de Diretrizes e Bases de 1996 (BRASIL, 1996) ampliou o leque de conteúdos, possibilitando aos professores uma maior diversidade de ações educativas através de elementos variados da cultura corporal". Será preciso, então, verificar nos documentos que regem a educação e, especificamente, a Educação Física, o que há em termos de base comum no que concerne a conteúdos e temas básicos tratados por professores de Educação Física na Educação Básica.

Contudo, existem grandes chances de encontrarmos uma falta de unicidade no discurso do que cabe à Educação Física frente ao chamado "Novo ENEM", até mesmo pelo provável impacto no meio escolar causado pela instauração do exame. Alguns professores podem defender arduamente a necessidade de enfatizar o trabalho com os conteúdos teóricos, talvez por recomendação de gestores escolares[2], outros podem enfatizar se tratar apenas de um "modismo" e que, portanto, não modificarão suas práticas.

Fensterseifer et al. (2013) acrescentam à discussão a ideia de que uma avaliação externa que considere o discursivo como elemento central pode não abarcar o todo de uma área que contempla outras possibilidades de linguagem e de aprendizagem. Essa aprendizagem sendo oferecida por um exame e, nesse contexto, verificando-se seus resultados, e não o processo, pode-se denotar um descompasso a partir do sentido de uma avaliação que contempla o saber pensar em detrimento ao saber fazer.

> O conhecimento em Educação Física, portanto, possui natureza complexa e ambivalente, sendo ligado ao corpo, ao se movimentar humano, vivificado no interior de uma dada

---

[2] É preciso ficar claro que pensar o currículo não pode ser exclusiva responsabilidade de gestores, porém reconhecemos que por razões diversas alguns professores podem se acomodar diante de pressões advindas da gestão escolar, abrindo mão equivocadamente de seu papel reflexivo na construção desse currículo.

> cultura e sociedade, mas também ligado a um conhecimento sistematizado, proveniente da experiência social, pensada e analisada, referente ao próprio corpo e ao próprio movimentar-se humano. Assumir esta interface complexa nos interstícios do corpo permite a EF ser assumida como ponto específico, que comporta uma tradição que até então valorizou o saber fazer em detrimento ao saber pensar. Mas, que por sua especificidade, não pode abandonar o saber fazer, assumindo o saber pensar discursivo como sua única centralidade (FENSTERSEIFER et al. 2013, pp.373-374).

Essa discussão precisa ficar clara aos que estão na escola, pois desse debate concepções de trato com o conhecimento podem ser delineadas. É possível que vejamos a ideia de se trabalharem em aulas os conteúdos que frequentemente são cobrados nas provas do referido exame. Portanto, que experiências do cotidiano escolar revelam uma relação entre a prática pedagógica e a inclusão da Educação Física no ENEM?

Diante dessa problematização, a temática escolhida para o desenvolvimento desta dissertação tem sido pauta de comentários e reflexões no cotidiano de práticas de professores de Educação Física, especialmente os que se encontram vinculados ao segmento do Ensino Médio.

Considerando essas discussões e aliado a um questionamento desafiador, entendemos ser viável investigar as implicações que essa prova tem produzido no contexto da Educação Física no Ensino Médio a partir da inclusão de conteúdos pertinentes a essa área no exame.

Para o campo dessa pesquisa delimitamos uma escola da rede privada de ensino da cidade do Recife/PE que possui notável destaque nos resultados do ENEM por escola no Estado de Pernambuco e, paralelamente, no ranking nacional, figurando entre as 50 melhores escolas do país considerando os resultados do exame.

Dessa forma, esta pesquisa teve como objetivo geral investigar as experiências da prática pedagógica que se relacionam com a inclusão de conteúdos de Educação Física no ENEM em uma escola da cidade do Recife/PE. Esta delimitação (a relação entre o ENEM e a prática docente da Educação Física) tem explicação pela afinidade do pesquisador com o tema a partir de sua própria prática pedagógica e a preocupação com um possível caráter "regulador" do exame sobre os currículos em geral e os programas de ensino referentes à Educação Física no Ensino Médio.

Enquanto objetivos específicos, este estudo perscrutou os documentos oficiais publicados pelo MEC[3] que revelavam informações referentes aos conteúdos relacionados à disciplina curricular Educação Física; compreendeu como os conteúdos do ENEM foram elaborados considerando a Matriz de Referência do exame[4] e os documentos que tratam das diretrizes curriculares da Educação Física para o Ensino Médio; identificou as ideias e concepções de Educação Física e do ENEM dos atores da escola escolhida para a pesquisa, bem como analisou a prática pedagógica da Educação Física no Ensino Médio.

Esta pesquisa se justifica por sua intenção em contribuir com o debate acerca da construção da legitimidade da Educação Física na escola a partir da reflexão sobre o que é viável construir coletivamente como conhecimento e a compreensão de como uma avaliação de larga escala, como o ENEM, pode servir como instrumento regulador de currículos, negando, por vezes, conhecimentos de extrema valia para a comunidade escolar.

Apropriando-se de reflexões como a que estamos a evidenciar, caminhamos para um salto qualitativo nas discussões acerca da prática pedagógica da Educação Física no Ensino Médio, aumentando o acervo de argumentação e qualificando o debate sobre a influência de avaliações externas como mecanismo de controle de currículos.

Consideramos que nenhuma avaliação é neutra e, portanto, conhecer esse processo de criação, reformulação e ampliação do alcance do ENEM se faz necessário por entendermos também que possuímos, como professores de Educação Física, nossa possibilidade de contribuição na construção do exame e no entendimento do que são conteúdos necessários e passíveis de democratização no ensino da Educação Física na escola.

A seguir detalhamos os procedimentos metodológicos seguidos durante a pesquisa, explicitando o método, os procedimentos técnicos da pesquisa, os sujeitos e as técnicas de coleta de dados. Assim sendo, esperamos contribuir para o entendimento do leitor do caminho que percorremos para a consecução dos objetivos postos nesta pesquisa.

---

[3] Entendemos que há vários documentos estaduais e municipais que orientam a prática pedagógica de Educação Física. Porém, como o ENEM é um exame elaborado no nível federal, procuramos analisar os documentos do Ministério da Educação do Governo Federal.

[4] A Matriz de Referência do ENEM é um documento que contém as competências e habilidades a serem adquiridas no Ensino Médio, bem como organiza as quatro áreas que compõem o exame: Linguagens, Códigos e suas tecnologias, Ciências Humanas e suas tecnologias, Ciências da Natureza e suas tecnologias e Matemática e suas tecnologias. Nesse documento, encontramos também a relação de objetos de conhecimentos associados às quatro áreas.

Como referências teóricas para o estudo, iniciamos uma discussão sobre a instituição do ENEM, sua reformulação e a consequente inserção da Educação Física no mesmo. Para caracterizar a escola escolhida para a pesquisa fizemos um breve histórico da mesma, detalhando os marcos importantes e resultados em avaliações externas, contemplando os pressupostos teóricos dessa escola, as práticas pedagógicas do Ensino Médio e os princípios para a Educação Física. Esse contexto nos ajudará a compreender o ENEM e a escola escolhida para esta pesquisa.

2

PROCEDIMENTOS METODOLÓGICOS

2.1 MÉTODO

Com o intuito de abarcar os objetivos postos nesta dissertação, optamos por uma abordagem qualitativa. Segundo Neves (1996, p.1), "a pesquisa qualitativa costuma ser direcionada, ao longo de seu desenvolvimento". Já segundo Minayo (2009), compreende-se uma pesquisa de abordagem qualitativa como aquela que "trabalha com o universo dos significados, dos motivos, das aspirações, das crenças, dos valores e das atitudes" (p. 21) dos sujeitos ou grupos a ser pesquisados.

Neste ínterim, a pesquisa teve como base o método hermenêutico-dialético, que compreende a comunicação como sendo o processo pelo qual aqueles que fazem parte de uma determinada comunidade, no caso aqui apresentado, a escola escolhida para a pesquisa, pretendem alcançar entendimento sobre uma determinada situação (MINAYO, 1998).

A fala, para o método, é condição *sine qua non* para que possamos identificar, dentro de uma chamada ação comunicativa, como os atores da escola compreendem a inserção da Educação Física no ENEM e as implicações dessa inserção para a prática pedagógica nessa escola.

Para Minayo (1998), a hermenêutica e a dialética fornecem suas contribuições para qualquer trabalho que se proponha a compreender a comunicação, pois "seu modo de proceder como método dá-lhes indiscutivelmente uma autoridade epistêmica capaz de dar conta de seus pressupostos e produzir níveis de racionalidade cuja legitimação vai-se repondo através do progresso do trabalho teórico" (p.226).

Já Coreth (1973), quando aborda sobre a hermenêutica, reforça a importância daqueles que estudam cientificamente tratarem o princípio interpretativo como centro orientador da ação comunicativa, deixando claro que não existe interpretação no vazio.

É preciso evidenciar que não pensamos no método hermenêutico-dialético apenas como uma forma de tratamento dos dados coletados, mas como base para compreendermos, no contexto da comunicação, como o objeto do estudo é presente nas falas e documentos analisados, de forma ampla, em uma interpretação da práxis. Minayo (1998) contribui, nesse sentido, apresentando os pressupostos metodológicos da hermenêutica para as ciências sociais, os quais dão base para o presente estudo:

> a) O pesquisador tem que aclarar para si mesmo o contexto de seus entrevistados ou dos documentos a serem analisados. Isso é importante porque o discurso expressa um saber compartilhado com outros, do ponto de vista moral, cultural e cognitivo. b) O estudioso do texto (o termo texto aqui é considerado no sentido amplo: relato, entrevista, história de vida, biografia, etc.) deve supor, a respeito de todos os documentos, por mais obscuros que possam parecer à primeira vista, um teor de racionalidade e de responsabilidade que não lhe permita duvidar. O intérprete toma a sério, como sujeito responsável, o ator social que está diante dele. c) O pesquisador só pode compreender o conteúdo significativo de um texto quando está em condições de tornar presentes as razões que o autor teria para elaborá-lo. d) Por outro lado, ao mesmo tempo que o analista busca entender o texto, tem que julgá-lo e tomar posição em relação a ele. Isto é, qualquer intérprete deve assumir determinadas questões que o texto lhe apresenta como problemas não resolvidos. E compenetrar-se do fato de que no labor da interpretação não existe última palavra. e) Toda interpretação bem-sucedida é acompanhada pela expectativa de que o autor poderia compartilhar da explicação elaborada se pudesse penetrar também no mundo do pesquisador. Tanto o sujeito que comunica como aquele que o interpreta são marcados pela história, pelo seu tempo, pelo seu grupo. Portanto o texto reflete essa relação de forma original (p. 222).

A realidade pesquisada foi tomada a partir de tais preocupações e cuidados descritos acima. Estar em contato com a comunidade escolar forneceu subsídios para aclarar o contexto de modo a dirimir dúvidas e a encarar com seriedade as aulas, os entrevistados e os estudantes. Se professor, estudantes, gestores e demais atores escolares são marcados por uma história e pelas circunstâncias que os acompanham, as relações estabelecidas precisam encontrar-se no texto. Essa dinâmica estabelecida foi alvo da investigação durante todo o tempo em que o campo era perscrutado, e isso enriqueceu o processo tanto do ponto de vista do olhar para esse campo, como da perspectiva da escrita sobre o mesmo.

Lembremos que não tratamos aqui apenas do que foi palpável no que concerne ao observável, mas também para a história da escola a partir das documentações. Compreender o lugar da instituição, bem como de seus atores, no espaço e tempo, constituiu-se ponto crucial para entender o papel dessa realidade na formação dos estudantes, na constituição de uma área como a EF e nas relações dessa disciplina no lócus escolar. Somente com essa compreensão foi possível dar prosseguimento ao estudo com inteireza, com percepção do todo, e assim estabelecer os nexos com o objetivo delimitado.

2.2 PROCEDIMENTOS TÉCNICOS DA PESQUISA

Minayo (2009) entende que a pesquisa qualitativa possui três fases que são imbricadas em todo o processo, pois, mesmo sendo fases com características distintas, elas possuem processos que se relacionam em idas e vindas.

A primeira fase é chamada de fase exploratória e é voltada à delimitação do objeto de estudo e, em seguida, à organização de uma denominada operacionalização do trabalho de investigação e seleção dos dados que servirão de sustentação teórica à pesquisa e, também, ao campo de investigação. Nessa fase buscamos fontes a partir de livros e artigos que se relacionassem com a temática do estudo a partir de eixos: educação física como componente curricular nos documentos oficiais; avaliações externas; ENEM; educação física no ENEM.

Ainda nessa primeira fase, fez-se necessária uma análise documental desenvolvida com base nos documentos oficiais publicados pelo MEC no que diz respeito aos conteúdos/conhecimentos a serem tratados pela Educação Física no Ensino Médio; a instituição e a reformulação do ENEM; e a construção dos conhecimentos de Educação Física cobrados no exame.

Minayo (2009) delimita uma segunda fase descrita como trabalho de campo, em que há uma confrontação entre o construto teórico advindo da fase anterior e os dados coletados no campo de pesquisa através de instrumentos selecionados pelo pesquisador.

A terceira e última fase da pesquisa diz respeito à sistematização e análise dos dados, levando em consideração os procedimentos para compreendê-los, bem como fazê-lo na perspectiva da teoria que fundamenta a pesquisa, em nosso caso, a hermenêutica-dialética.

Nesta pesquisa, utilizamos da perspectiva de um estudo de caso, no qual se busca descrever detalhadamente uma única realidade ou mais de uma (quando se tratar de um estudo multicasos), analisando de forma mais profunda o fenômeno escolhido (THOMAS; NELSON, 2002), tomando como campo de análise uma escola da cidade do Recife que possui reconhecimento da sociedade por seus resultados de excelência no ENEM por escola, tendo, desde 2005, conquistado o 1º lugar entre as escolas privadas por 09 (nove) vezes.

Para essa delimitação, utilizamos do mapeamento publicado pelo INEP em seu portal na internet (inep.gov.br), em que situa o resultado do ENEM por escola em todo o Brasil. Em sua última publicação, em 2014, a escola escolhida para essa pesquisa figurou na 1ª colocação entre escolas públicas e privadas de Pernambuco, tendo, inclusive, sua classificação como uma escola de nível socioeconômico "muito alto" e com índice de permanência dos alunos acima dos 80%. Esses dados colocam a referida escola na mais alta classificação considerando esses dois itens, dado que, nessas condições, encontram-se as escolas com melhores médias no país, o que levou esta escola a 46ª posição no ranking nacional, melhor colocação nacional alcançada por uma escola do Estado de Pernambuco nesse último resultado de 2014.

Molina (2004) afirma que o estudo de caso se justifica, também, quando se têm poucos dados organizados sobre o problema a ser investigado, como é o caso deste estudo, haja vista o pouco tempo em que a Educação Física se inseriu no ENEM. A seleção intencional do local de pesquisa levou em consideração dois aspectos apontados por Molina (2004), aproximação e praticidade. A escola é de fácil acesso para o pesquisador e tem como característica essencial uma boa receptividade por parte da gestão escolar para pesquisas sobre suas práticas.

Segundo Stake (2009), tradicionalmente se diz que nem tudo é um caso. Uma escola, nessa lógica, pode ser um caso, mas no seu cotidiano pode faltar especificidade, a particularidade necessária para assim ser denominado. O caso é algo específico, complexo e em funcionamento. Para Stake (2009, p. 18), a escolha de um caso se dá a partir do reconhecimento de que certa situação pode ser um objeto de estudo, não se constituindo, portanto, como uma escolha sem fundamentos. Sente-se curiosidade, conforme o autor, acerca de sua atividade, pois se está interessado nele não apenas porque, ao estudá-lo, aprendemos sobre outros casos parecidos ou sobre uma problemática em geral, mas sim por desejar conhecer sobre esse caso em particular.

Yin (2005), ao escrever sobre o estudo de caso, fornece-nos elementos que reforçam a nossa escolha por esse tipo de estudo nesta pesquisa, pois reitera que diversos instrumentos podem ser utilizados para ampliar o entendimento sobre o objeto de pesquisa, como os questionários, as entrevistas e a análise de fontes documentais do caso a ser estudado, no nosso caso, a escola escolhida com base nos critérios já mencionados.

> Em geral, os estudos de caso representam a estratégia preferida quando se colocam questões do tipo 'como' e 'por que', quando o pesquisador tem pouco controle sobre os eventos e quando o foco se encontra em fenômenos contemporâneos inseridos em algum contexto da vida real (YIN, 2005, p.19).

Logo, estudar essa escola ganha validade na perspectiva de que ela se constitui como um lócus privilegiado para entendermos como a Educação Física no Ensino Médio tem, em sua prática pedagógica, influência de uma avaliação externa. Esse debate se configura como contemporâneo pelas atuais discussões sobre o ENEM e sobre a recente inclusão de áreas de conhecimento historicamente excluídas desse processo.

No contexto de uma análise documental, utilizamos o Regimento Interno da escola e a sua Proposta Pedagógica, visto que esses dois documentos substituem o que seria o Projeto Político Pedagógico na instituição. Nesses dois documentos procuraremos evidenciar o histórico de criação da escola, seus avanços em termos de espaços físicos e de ampliação dos segmentos de ensino, pois a mesma iniciou o seu funcionamento apenas com a Educação Infantil e com o passar dos anos agregou o Ensino Fundamental e Médio.

Atendendo aos critérios, quanto ao campo de pesquisa, utilizamos na escola o questionário com questões abertas e fechadas com os estudantes e a entrevista semiestruturada, que é direcionada por um roteiro previamente elaborado, com os gestores escolares (direção e coordenação pedagógica).

De acordo com Lakatos e Marconi (2010), o questionário é um instrumento de coleta constituído por uma série ordenada de perguntas, que devem ser respondidas por escrito e sem a presença do pesquisador (AMARAL, 2012b).

O questionário, que contém perguntas abertas e fechadas, foi construído levando em consideração quem o responde (estudantes) e os seus entendimentos sobre o ENEM e o Novo ENEM, permitindo que revelassem as repercussões do desempenho da escola no exame, bem como a consequência disso para a prática pedagógica da Educação Física. Por essa razão foi importante, também, contemplar no questionário qual o entendimento de Educação Física esses estudantes possuíam.

Por conta do calendário, em que já tínhamos pouco tempo para as observações das aulas, consideramos por bem não utilizar uma aula para a aplicação destes. Como a escola também não poderia retirar a aula de outro docente, optamos pela utilização do questionário eletrônico, nesse caso, o software online *Survey Monkey*. Tomamos todos os cuidados a fim de resguardar o anonimato de quem respondesse, bem como somente tinham acesso ao link da pesquisa os alunos das turmas selecionadas previamente. Com a colaboração dos alunos representantes de cada turma, que entregaram o link a cada aluno e lembrava o prazo para a resposta, tivemos apenas 8 alunos que não responderam, do total de 98 nas três turmas, perfazendo 90 questionários respondidos, o que se configura, então, como uma perda pequena frente ao todo.

Como continuação dos instrumentos utilizados na pesquisa, incluiu-se a entrevista para coleta de dados. Como no questionário as informações são mais gerais e amplas a partir dos estudantes, a entrevista pôde nos ajudar a compreender o objeto desta pesquisa por meio de informações da gestão da escola e da coordenação pedagógica, revelando com maior profundidade a influência do ENEM no ensino de Educação Física na opinião de quem está envolvido com a gestão escolar e pedagógica.

No período da pesquisa, a mediadora pedagógica responsável pelo 2º ano encontrava-se de licença maternidade, portanto, a escola designou como responsável por responder pela referida série a mediadora do 1º ano, que acumulou as funções. Logo, das 3 entrevistas com mediadores pedagógicos, tivemos 2: uma com o mediador do 3º ano, e outra com a mediadora responsável pelo 1º ano, que estava respondendo também pelo 2º ano. Mediador (a) Pedagógico (a) é o nome dado na escola para o que comumente se denomina Coordenador (a) Pedagógico (a).

Ao se tratar de um recurso que possibilita a interação entre o entrevistador e o entrevistado, quem entrevista pode revelar a intencionalidade da pesquisa e, assim sendo, quem está sendo entrevistado pode colaborar de forma mais incisiva, ofertando informações relevantes e com maior grau de detalhamento, permitindo o aprofundamento dos dados.

De acordo com Gil (1999), a entrevista é uma técnica de pesquisa em que o entrevistador se apresenta frente ao investigado e lhe formula perguntas com o objetivo de obtenção de dados. Neste caso, o instrumento de coleta de informação utilizado para registrar as respostas dos entrevistados foi o gravador (de áudio) (AMARAL, 2012b).

Como a pesquisa analisa a prática pedagógica na escola escolhida, recorremos à observação participante. Ludke e André (1986, p.26) afirma que tal estratégia favorece uma aproximação estreita do pesquisador com o objeto estudado e [...] permite também que o observador chegue mais perto da 'perspectiva dos sujeitos', um importante alvo nas abordagens qualitativas. Como o observador acompanha no local as experiências diárias dos sujeitos, pode tentar apreender a sua visão de mundo, isto é, o significado que eles atribuem à realidade que os cerca e às suas próprias ações.

Ludke e André (1986) afirma que o grau de envolvimento do observador pode variar de acordo com a pesquisa. Minayo (1998), então, afirma que o nível de participação do pesquisador se dá a partir de quatro classificações: "Participante-Total", "Participante-como-Observador", "Observador-como--Participante" e "Observador-Total". Na primeira modalidade o pesquisador participa da realidade local como um "nativo" e segundo a autora é muito utilizado em estudos de sociedades primitivas. "O Participante-como-Observador é significativamente diferente do status anterior porque o pesquisador deixa claro para si e para o grupo sua relação como meramente de campo" (MINAYO, 1998 p. 142). Ou seja, segundo a autora, pesquisador e pesquisado entendem que a relação é temporária e restrita aos acompanhamentos cotidianos. Além disso, Ludke e André (1986) afirma que, nesse caso, o pesquisador apresenta apenas uma parte dos objetivos da pesquisa.

O terceiro tipo de observação é utilizado, segundo a autora, "como estratégia complementar ao uso das entrevistas, nas relações com os 'atores' [...] trata-se de uma observação quase formal, em curto espaço de tempo" (MINAYO, 1998, p. 142). Por fim, a autora afirma que o Observador-Total omite sua presença no local e os participantes não sabem que estão sendo filmados. Tivemos, então, três pesquisadoras, mestrandas do Programa Associado de Pós-Graduação em Educação Física (PAPGEF UPE/UFPB) assumindo o papel de "Participantes como Observadoras", já que, apesar de saberem que estavam sendo observados, os sujeitos da pesquisa entendiam que a observação era temporária e se restringiam aos momentos de aula.

Sampieri et al. (2013, p. 419) apontam que a observação, que eles denominam qualitativa, "não é uma mera contemplação [...]. Implica estarmos profundamente imbrincados em situações sociais e mantermos um papel ativo, assim como uma reflexão permanente, estarmos atentos aos detalhes [...]".

As observações seguiram um roteiro com questões que abordavam a coerência das aulas com os planos, quais os conteúdos da aula naquele dia, quais recursos e espaços foram utilizados, como se dava a participação dos estudantes e a interação entre eles e o professor; como o professor avaliou as aulas e por fim as dificuldades encontradas no trato com o conteúdo.

Em todas as aulas as observadoras se mantiveram em posições que não atrapalhassem as atividades previstas, mas que facilitassem a escuta, tanto do professor quanto dos estudantes.

Para a análise dos dados recolhidos em fontes bibliográficas e documentais, bem como nas entrevistas realizadas, fundamentando-nos em Bardin (1988) e utilizamos da análise de conteúdo de tipo categorial por temática. Assim, foi possível analisarmos o conteúdo como um recurso técnico para análise de dados provenientes de documentos e de entrevistas transcritas.

Segundo a autora, a análise de conteúdo pode ser compreendida como

> [...] um conjunto de técnicas de análise de comunicação visando obter, por procedimentos sistemáticos e objetivos de descrição do conteúdo das mensagens, indicadores (quantitativos ou não) que permitam a inferência de conhecimentos relativos às condições de produção/recepção destas mensagens (p.42).

A análise de conteúdo tem importantes funções, em que destacamos verificar se as hipóteses levantadas durante as fases anteriores são plausíveis e descobrir o conteúdo por detrás das falas e/ou escritas. Duas categorias emergem desse tipo de análise: as categorias analíticas, que servem de base teórica para embasar a pesquisa, e as categorias empíricas que decorrem de um relacionamento com o objeto de estudo e do que podemos inferir a partir dos dados coletados. Assim sendo, cabe ao pesquisador "delimitar unidades de codificação/categorização de registro – palavra, frase, tema, minuto, centímetro quadrado – e de contexto, sendo esta apenas necessária diante da existência de uma ambiguidade de sentido dos elementos codificados" (SOUZA JUNIOR; MELO; SANTIAGO, 2010 p. 37).

Os dados, na pesquisa, foram categorizados, então, a partir do entendimento dos estudantes, da gestão escolar e da coordenação pedagógica sobre a Educação Física e o ENEM.

É preciso afirmar que a análise de conteúdo categorial por temáticas é apenas uma técnica utilizada para contribuir com a análise dos dados coletados na pesquisa. Essa técnica, portanto, por si só não é suficiente para dar conta da riqueza de conteúdo abarcado em uma pesquisa qualitativa.

Reconhecemos o lugar dessa abordagem nas pesquisas em Educação Física, notadamente quando tratam da área pedagógica, o conteúdo das falas dos sujeitos é passível de ser analisado de forma competente quando abalizada por ela. Porém, destacamos que o método hermenêutico-dialético foi preponderante para compreendermos o que estava posto a partir dos documentos analisados, das falas dos estudantes, dos gestores e das observações de aulas.

Em síntese, tratando de forma operacional, percorremos os seguintes passos metodológicos:

1. Levantamento dos documentos oficiais publicados pelo MEC que revelam informações referentes aos conteúdos relacionados à disciplina curricular Educação Física, estabelecendo correlação entre estes documentos e a Matriz de Referência do Enem;

2. Aplicação do questionário com os estudantes do Ensino Médio;

3. Entrevistas com a gestão escolar e a coordenação pedagógica do Ensino Médio;

4. Observação participante das aulas de duas turmas escolhidas aleatoriamente: uma turma de 1º ano do Ensino Médio e uma turma do 2º ano do Ensino Médio;

5. Reunião dos questionários, entrevistas e relatórios de observação participante, realização da análise de conteúdo categorial por temática (BARDIN, 1988) como meio de tratamento dos dados, e discussão dos resultados.

2.3 SUJEITOS DA PESQUISA

Por envolver seres humanos, esta pesquisa foi submetida ao Conselho de Ética do Complexo Hospitalar HUOC/PROCAPE obtendo Parecer Consubstanciado do CEP com o número 1.476.576 e C.A.A.E. 51418315.1.0000.5192 (ANEXO 4).

Para a seleção dos sujeitos da pesquisa, no que concerne aos estudantes, realizamos sorteios aleatórios das turmas do Ensino Médio. Como está contemplada nesta pesquisa a observação de uma unidade didática, a escolha das turmas se deu, também, em conformidade com os horários possíveis de serem contemplados pelas pesquisadoras-observadoras. Nessa escola há 9 turmas, sendo 3 em cada série, contendo ao máximo 40 alunos em cada. Sorteamos, então, 1 (uma) turma de cada série para que respondessem ao questionário e, desse modo, tivéssemos uma amostra do pensamento dos estudantes do Ensino Médio sobre a temática dessa pesquisa. Assim sendo, tivemos a visão de estudantes do 1º ano, do 2º ano e do 3º ano do Ensino Médio, contemplando, deste modo, todo o segmento considerando que os conhecimentos tratados no ENEM pressupõem que sejam abordados/tratados em todo o Ensino Médio, e não apenas em sua série final, perfazendo um total de 90 alunos pesquisados.

Após a delimitação, por sorteio, das turmas para utilização do questionário tivemos as entrevistas com os coordenadores pedagógicos e o diretor da escola e, concomitantemente, as observações das aulas de uma unidade didática. Os mediadores/coordenadores pedagógicos possuem formação superior completa, sendo uma pedagoga e um professor de química, e o diretor é professor universitário aposentado e mestre, além de ser um dos fundadores da escola. Tivemos, então, 1 (um) diretor, 2 (dois) coordenadores (uma representando o 1º e o 2º ano e o outro representando o 3º ano), chegando ao total de 93 pesquisados na escola estudada.

2.4 PROCEDIMENTOS DE COLETA DE DADOS

Utilizamos como técnicas para a coleta de dados os questionários contendo perguntas abertas e fechadas (APÊNDICE A) e as entrevistas semiestruturadas subsidiadas por roteiros construídos (APÊNDICES B e C). Os roteiros foram testados com outras pessoas antes da aplicação com os coordenadores pedagógicos e o diretor com o fim de testarmos se as perguntas estavam claras.

As entrevistas foram realizadas separadamente, em salas fechadas e isoladas de qualquer barulho. Nenhum dos entrevistados teve acesso às questões que utilizamos antes do encontro para a entrevista. Uma autorização para gravarmos foi solicitada e as falas foram ditas pausadamente para que as perguntas fossem bem compreendidas. Um gravador de áudio foi utilizado para captar as falas e, após o tratamento dos dados, voltamos à escola com as falas transcritas, com o auxílio do software *Express Transcribe*, com o fim de recebermos a assinatura dos entrevistados, confirmando a veracidade das transcrições apresentadas a eles. Realizamos fichamentos de livros, monografias, dissertações, teses e periódicos selecionados para contribuir com a análise dos dados coletados, colaborando com a compreensão e entendimento da realidade pesquisada.

No que concerne às observações, tínhamos pensado inicialmente em duas observadoras, mas, para não corrermos riscos em relação a possíveis faltas/ausências, decidimos por três observadoras, pesquisadoras mestrandas do PAPGEF UPE/UFPB, a fim de garantirmos sempre um mínimo de dois relatórios de observação por aula, totalizando 12 relatórios por série, minimamente. As observações foram realizadas com base em um roteiro de observação (APÊNDICE D) previamente construído e apresentado às observadoras antes do início do período de observações. Como colaboração e por ser, ao mesmo tempo, pesquisador e pesquisado, o autor desta dissertação também participou do processo de elaboração dos relatórios e, consequentemente, da descrição das aulas observadas.

A EDUCAÇÃO FÍSICA NOS DOCUMENTOS OFICIAIS: ANALISANDO AS PROPOSIÇÕES

Como forma de compreensão do todo, a fim de termos base para a análise tanto das questões das provas do ENEM quanto para análise das experiências da prática pedagógica, verificamos como estão postos os conhecimentos de que trata a Educação Física no Ensino Médio segundo os documentos oficiais. Recordamos que os documentos aqui analisados encontram-se na esfera federal, no âmbito do MEC, pois é nessa esfera que se configura o exame e, nesse sentido, buscamos elucidar como o ministério caracterizou a EF ao longo dos anos nestes documentos que, de certa forma, anunciam visões da disciplina neste segmento.

3.1 OS PARÂMETROS CURRICULARES NACIONAIS PARA O ENSINO MÉDIO (PCNEM)

Os documentos oficiais referentes aos 1º e 2º ciclos (à época, 1ª a 4ª série do Ensino Fundamental) foram lançados em 1997 e os documentos referentes aos 3º e 4º ciclos (à época 5ª a 8ª série do Ensino Fundamental), no ano de 1998, sendo que estes já incluem um documento especificando a Educação Física (Brasil, 1997).

Em 1999, e com uma equipe diferente da que construiu os parâmetros do Ensino Fundamental, publicaram-se os Parâmetros Curriculares Nacionais do Ensino Médio (PCNEM), a Secretaria de Ensino Médio, do Ministério da Educação e do Desporto, ficou responsável pela supervisão da construção de tal documento (BRASIL, 1999).

No texto sobre a Educação Física, temos algumas dificuldades de compreensão relativas a uma coerência em termos de proposta metodológica. Vejamos as principais competências e habilidades compostas no documento referentes à Educação Física:

> Espera-se que, no decorrer do Ensino Médio, em Educação Física, as seguintes competências sejam desenvolvidas pelos alunos:

> * Compreender o funcionamento do organismo humano, de forma a reconhecer e modificar as atividades corporais, valorizando-as como recursos para a melhoria de suas aptidões físicas; * desenvolver as noções conceituais de esforço, intensidade e frequência, aplicando-as em suas práticas corporais; * refletir sobre as informações específicas da cultura corporal, sendo capaz de discerni-la e reinterpreta-las em bases científicas, adotando uma postura autônoma na seleção de atividades e procedimentos para a manutenção ou aquisição da saúde; * assumir uma postura ativa, na prática das atividades físicas, e consciente da importância delas na vida do cidadão; * compreender as diferentes manifestações da cultura corporal, reconhecendo e valorizando as diferenças de desempenho, linguagem e expressão;
>
> * participar de atividades em grandes e pequenos grupos, compreendendo as diferenças individuais e procurando colaborar para que o grupo possa atingir os objetivos a que se propôs; * reconhecer na convivência e nas práticas pacíficas, maneiras eficazes de crescimento coletivo, dialogando, refletindo e dotando uma postura democrática sobre os diferentes pontos de vista propostos em debates; * interessar-se pelo surgimento das múltiplas variações da atividade física, enquanto objeto de pesquisa, áreas de grande interesse social e mercado de trabalho promissor; * demonstrar autonomia na elaboração de atividades corporais, assim como capacidade para discutir e modificar regras, reunindo elementos de várias manifestações de movimento e estabelecendo uma melhor utilização dos conhecimentos adquiridos sobre a cultura corporal (BRASIL, 1999, p.164).

Vamos analisar comparativamente duas das competências postas acima: pela ordem, a terceira e a quinta competências.

Vejamos que, no primeiro caso, há certa confusão de termos, em que não se consegue estabelecer, por exemplo, se a ideia central é advinda da percepção da Cultura Corporal em seu sentido amplo, como por exemplo, numa perspectiva de uma abordagem crítico-superadora, ou advinda das questões relacionadas à promoção da saúde. Em contrapartida, no segundo caso, parece ficar evidente a ideia da expressão corporal como linguagem e a compreensão de diferentes manifestações da chamada Cultura Corporal.

No entanto, quando se fala em "[...] interessar-se pelo surgimento das múltiplas variações da atividade física, enquanto objeto de pesquisa, áreas de grande interesse social e mercado de trabalho promissor", confunde-se novamente o leitor, visto que agora a preocupação parece ser com o mercado de trabalho, enfoque que, a nosso ver, é de difícil compreensão a partir da leitura dos temas da cultura corporal como conhecimento produzido histórica e socialmente pelos indivíduos e não apenas como modelos de atividades promissoras no mercado de trabalho numa lógica capitalista.

Seguimos, então, com um excerto contido nos PCNEM da Educação Física:

> Uma Educação Física atenta aos problemas do presente não poderá deixar de eleger, como uma das suas orientações centrais, a da educação para a saúde. Se pretende prestar serviços à educação social dos alunos e contribuir para uma vida produtiva, criativa e bem sucedida, a Educação Física encontra, na orientação pela educação da saúde, um meio de concretização das suas pretensões (BRASIL, 1999, p.156).

Mais uma vez, nota-se a ideia de "saúde" permeando os objetivos da Educação Física no Ensino Médio. Isso pode causar uma confusão no que se refere à escolha dos conteúdos da avaliação do ENEM.

Quando presenciamos competências ligadas aos conhecimentos advindos de uma chamada Cultura Corporal, entendendo a expressão corporal como linguagem, e também vemos uma ênfase tão grande na orientação acerca da "Educação para a saúde", podemos, então, enfrentar problemas metodológicos na prática do professor, bem como nos conteúdos e nas formas como estes são abordados nas avaliações do ENEM.

Há, no transcorrer do documento, ainda, as falas sobre utilização de conhecimentos adquiridos, de modificações de regras estabelecidas, de reconhecer (conscientização) a importância das atividades, sem menção a referências teóricas, o que pode deixar em aberto aos professores uma verdadeira "mistura" de referências em suas práticas. A falta de uma introdução que informe ao leitor uma concepção que sustentará o texto é algo que deixa essa confusão ainda mais evidente e, certamente, confunde o professor na medida em que ele não entende o que o MEC pressupõe ser relevante para a EF e, consequentemente, o que esperar da avaliação proposta pelo mesmo.

3.2 AS ORIENTAÇÕES EDUCACIONAIS COMPLEMENTARESAOS PARÂMETROS CURRICULARES NACIONAIS (PCN+)

Os PCN+ surgem como forma de contribuir com os professores, ao analisá-los, construir novas metodologias e maneiras de abordar os conteúdos com base na reflexão sobre o documento, que atribui grande importância à contextualização e à interdisciplinaridade.[5]

A contextualização[6] ganha importância nos PCN+ no momento da afirmação de que "assim como a interdisciplinaridade surge do contexto e depende das disciplinas, a competência não rivaliza com o conhecimento; ao contrário, se funda sobre ele e se desenvolve com ele" (BRASIL, 2002, p.14).

Necessário se faz compreender que esse novo documento não preconiza um padrão, mas uma orientação ao debate, visto que "para a implementação dessas novas diretrizes, ou seja, sua tradução em práticas escolares concretas, não existem fórmulas prontas. Esse processo depende, ao contrário, de um movimento contínuo de reflexão, investigação e atuação, necessariamente permeado de diálogo constante" (BRASIL, 2002, p.60).

A grande crítica ao documento está na continuidade de sua organização em competências e habilidades por essas definições estarem intimamente ligadas ao mundo do trabalho, especificamente. Por outro lado, há os que defendem que essa interpretação é discutível, pois acreditam que os PCN+ servem mais a alimentação do debate e a busca de alternativas inovadoras do que propriamente a adequação (RICARDO, 2007). Caso os professores utilizem o referido instrumento como um meio de incitar esses debates, então o documento cumpre com seu papel, não sendo, dessa forma, prescritivo.

Quando avança para os conhecimentos relativos à Educação Física, o texto alerta para a problemática de as aulas de Educação Física no Ensino Médio costumarem "repetir os programas do ensino fundamental, resu-

---

[5] Dois anos depois da publicação dos primeiros PCNs, foram criados os PCN+ com o intuito de complementar as diretrizes oferecidas por aquele primeiro documento. A publicação desse segundo documento se deu no último ano de mandato do governo de Fernando Henrique Cardoso (PSDB). O PT (Partido dos Trabalhadores) assume o poder no ano seguinte e ainda assume tal documento, porém, dividindo-se entre a negação e a diminuição da importância do mesmo.

[6] Ricardo (2007), ao pesquisar juntamente a professores de educação básica de ciências, encontrou grande dificuldade por parte dos mesmos acerca da compreensão do que seria contextualização. Segundo o autor, tais dificuldades podem ser explicadas pela pouca presença do termo na literatura e pelo fato de que no momento da pesquisa, poucos professores tiveram acesso aos PCN+.

mindo-se às práticas dos fundamentos de alguns esportes e à execução dos gestos técnicos esportivos" (BRASIL, 2002, p. 139).

Apesar da informação vaga, pois pode não tratar de todas as realidades, refletir sobre essa questão, ela pode levar os professores ao debate sobre as reais possibilidades de trato com o conhecimento da Educação Física no Ensino Médio a partir do entendimento desse segmento como última etapa da Educação Básica, e não mais como mera preparação para o mercado de trabalho ou entrada no nível superior.

O texto busca, então,

> [...] detalhar como os conceitos estruturantes da área perpassam a disciplina, comentando a relação de tais conceitos com as competências gerais da Educação Física e sua interseção com as demais disciplinas da área; fornecer sugestões temáticas e metodológicas para a condução do trabalho, superando a mera repetição mecânica dos fundamentos dos esportes mais tradicionais; destacar tópicos referentes ao processo de avaliação, de modo que este ultrapasse a mera verificação do conhecimento e a promoção do aluno; tecer algumas considerações relevantes a respeito da formação do professor de Educação Física (BRASIL, 2012, p. 139).

Embora o texto traga avanços no que se refere ao entendimento dos conhecimentos e à forma de abordagem metodológica da Educação Física, o mesmo menciona que as competências e habilidades a serem desenvolvidas na disciplina encontram-se detalhadas na página 167 dos PCNEM, ou seja, não houve mudança em relação a esse tema.

Ao desenvolver o tópico "Sugestões Metodológicas", o texto deixa claro que "[...] o aluno deverá deter o instrumental necessário para usufruir de jogos, esportes, danças, lutas e ginásticas em benefício do exercício crítico da cidadania e da melhoria da qualidade de vida" (BRASIL, 2002, p. 151).

Continuando, há referência sobre o tratamento da cultura corporal em sentido amplo, integrando o aluno a essa esfera de modo a formar o cidadão que vai produzir, reproduzir e transformar essa cultura corporal. O problema é que se continua a não delimitar claramente fontes teóricas, deixando confuso o entendimento por parte do professor sobre em que base epistemológica se evidencia essa "cultura corporal". O texto, em alguns momentos, trata de "Cultura Corporal de Movimento" e, em outros, apenas de "Cultura Corporal".

Ao tratar de avaliação, entretanto, o texto deixa clara a ideia da proposta crítico-superadora, apresentada pelo Coletivo de Autores (1992) em contraponto a uma avaliação meramente quantitativa de outrora, contexto em que a aplicação de testes padronizados terminava por punir, quantificar, constituindo-se em uma exigência burocrática. (BRASIL, 2002, p. 165)

O texto encerra versando sobre a importância de uma formação inicial e continuada dos professores, por compreender que é nessa formação que a mudança em relação às práticas docentes podem ocorrer, e não apenas por prescrição de um documento. Essa formação, inclusive, oferece subsídios para a leitura crítica e reflexiva dos PCNEM e PCN+ de modo à tomada de decisão da comunidade escolar acerca do conhecimento a ser tratado em Educação Física no meio escolar.

3.3 AS ORIENTAÇÕES CURRICULARES PARA O ENSINO MÉDIO (OCEM): A EVIDÊNCIA DA AVALIAÇÃO COMO MEIO DE VERIFICAÇÃO DO PROCESSO

Nas OCEM, há implícita a ideia da avaliação como meio de verificação do processo educacional e não apenas de mensuração, pois essa avaliação tem a função de demonstrar "o papel indicador em que se encontra o estudante, fornecendo elementos sobre o processo e não sobre os resultados." (BRASIL, 2006, p.143). Nesse caso, compreende-se, então, que os resultados não devam ser o foco das avaliações, mas sim o processo de ensino-aprendizagem.

No documento relativo à área de Ciências da Natureza, Matemática e suas tecnologias e no documento relativo à área de Ciências Humanas e suas tecnologias há tópicos específicos sobre avaliação, porém no documento referente à área que abrange Linguagens, códigos e suas tecnologias[7], aborda-se de maneira genérica sobre a ideia formativa, apontando para "a avaliação formativa, contínua, de acompanhamento, que fornece subsídios valiosos para o professor e para os alunos, deve ser privilegiada." (BRASIL, 2006a, p. 143).

É o que demonstra a seguinte afirmação contida nas OCEM acerca desse processo avaliativo:

---

[7] Os documentos que compõem as Orientações Curriculares para o Ensino Médio são divididos em volumes; desse modo, a área de Linguagens, códigos e suas tecnologias encontra-se no Volume 1, a área de Ciências da Natureza, Matemática e suas tecnologias encontra-se no volume 2 e a área de Ciências Humanas e suas tecnologias encontra-se no volume 3. Uma certa unidade teórico-metodológica deve existir entre as áreas, portanto, buscar referências nos demais volumes deve ser almejado.

> Em um ensino por competências, o processo de avaliação não se limita a instrumentos com perguntas que exigem apenas operações cognitivas simples como a memorização. A formação de indivíduos treinados apenas para memorizar frases e responder a perguntas com respostas determinadas é incompatível com o desenvolvimento de cidadãos socialmente inseridos e com espírito crítico aguçado, um dos objetivos da educação (BRASIL, 2006b, p. 40).

Há, aqui, um desejo de mudança em que uma avaliação meramente conteudista não é mais privilegiada, porém, logo em seguida, o documento deixa claro que não se trata de eliminar a importância dos conteúdos formais como presenciamos na seguinte informação:

> a escola deverá assegurar: ao aluno, uma boa formação, tornando-o capaz de realizar a transposição dos conteúdos formais na interpretação do cotidiano e na valorização dos conhecimentos não formais gerados na comunidade; ao professor: os meios necessários para proporcionar ao aluno uma formação contínua, de qualidade, que lhe garanta atualização permanente para enfrentar os avanços da sociedade (BRASIL, 2006b, p. 41).

Mais à frente, o documento expressa a ideia de avaliação levando em conta que "no que se refere aos indicadores de avaliação, com base nas atividades desenvolvidas, destacam-se conteúdos e competências como compreensão de textos, relações e correlações textuais, associação com o conhecimento prévio e hipóteses apresentadas pelos alunos" (BRASIL, 2006c, p. 61).

Assim como nos PCN+, percebe-se a continuidade da organização do documento em competências e habilidades, o que nos remete à reflexão de que esta pode ser uma política de Estado, pois perpassa vários documentos ao longo dos anos e, logo, presencia-se a menção a competências e conteúdos como mecanismos indicadores para a avaliação. As OCEM levam em consideração as competências, habilidades e conteúdos, sendo que, nesse caso, os conteúdos ganham destaque por serem presenciados nos documentos os conhecimentos relativos a cada área.

Chegamos a um ponto interessante para iniciarmos a discussão sobre os conteúdos contemplados nas provas do ENEM referentes à Educação Física. Enquanto as OCEM consideram importantes os conteúdos, no caso da Educação Física, chegando a sugerir temas que possam ser trabalhados, o texto que fundamenta o ENEM (BRASIL, 2005) afirma que a avaliação deva acontecer por intermédio das competências, sem mencionar conteúdos. Por outro lado, quando observamos a Matriz de Referência para o ENEM (BRASIL, 2009), vemos as competências e habilidades avaliadas no referido exame juntamente a uma lista de conteúdos.

Com o entendimento sobre os documentos oficiais que tratam da EF no Ensino Médio, passemos a análise da instituição e reformulação do ENEM com a consequente entrada da disciplina no mesmo. A partir disso, perceberemos como são contemplados os conhecimentos da área e com essa leitura adquirimos base para discutir as questões que trabalham conhecimentos de Educação Física contidas nas provas desse exame até o ano vigente a essa pesquisa.

A INSTITUIÇÃO DO ENEM E A INSERÇÃO DA EDUCAÇÃO FÍSICA NO EXAME

4.1 A CRIAÇÃO DO ENEM EM UM PRIMEIRO MOMENTO: UMA NOVA VISÃO DE AVALIAÇÃO

A nova Lei de Diretrizes e Bases da Educação Nacional (LDBEN) – Lei Darcy Ribeiro –, sancionada em dezembro de 1996 (lei nº 9.394 de 20/12/1996, publicada no Diário Oficial da União a 23/12/1996, Seção I), finalmente consagra o princípio da avaliação como parte nuclear da chamada "organização da educação nacional" (DEMO, 2012, p.31).

Talvez o avanço considerável, nesses termos, esteja no fato de que, se, como docentes, somos também avaliadores no processo de ensino e alimentamos nossa competência e autoridade quando avaliamos, reiteramos isso se também estamos submetidos a um processo de avaliação. Podemos resumir essa reflexão percebendo que, se praticamos alguma forma de questionamento, não podemos considerar como algo negativo sermos questionados, pois quem foge da avaliação perde a autoridade de avaliar (p.33).

O grande desafio posto, então, é avaliar da forma mais consistente, formal e politicamente possível. Não cabe aqui pensarmos em uma avaliação externa advinda de uma autoridade central acima do bem e do mal, em que predomina a burocracia e em que se buscam atingir metas preestabelecidas sem nenhum diálogo com a comunidade acadêmica e com aqueles que fazem parte do universo avaliado. Os processos avaliativos, concordando com Demo (2012, p.35), precisam ser "[...] abertos, alimentados pela boa argumentação e pela contra-argumentação.".

A avaliação, portanto, pode emergir a ideia de qualidade, não sob o conceito de "qualidade total", mas de "qualidade histórica", que, segundo Demo (2012), "[...] é sempre um complexo de condições objetivas e subjetivas, uma oportunidade humana que desabrocha conforme o nível da competência humana implicada" (p.36).

Nesse ponto, a avaliação pode auxiliar numa eventual fragilidade diante da opinião pública, haja vista que a população tem o direito de saber o que acontece na escola, na universidade e nos órgãos que comandam os sistemas educacionais. No contexto privado, essa discussão parece não ser excluída, uma vez que quem financia deseja saber o que se passa no contexto educacional e, novamente, desde que não se caia na ideia da "qualidade total", concordamos que é plausível oferecer os dados necessários a quem paga pelo "serviço".

Nesse contexto, seguimos com o artigo 9º da LDBEN, procurando analisar especificamente os incisos V e VI:

> Art. 9º A União incumbir-se-á de:
>
> I - elaborar o Plano Nacional de Educação, em colaboração com os Estados, o Distrito Federal e os Municípios; II - organizar, manter e desenvolver os órgãos e instituições oficiais do sistema federal de ensino e o dos Territórios; III - prestar assistência técnica e financeira aos Estados, ao Distrito Federal e aos Municípios para o desenvolvimento de seus sistemas de ensino e o atendimento prioritário à escolaridade obrigatória, exercendo sua função redistributiva e supletiva; IV - estabelecer, em colaboração com os Estados, o Distrito Federal e os Municípios, competências e diretrizes para a educação infantil, o ensino fundamental e o ensino médio, que nortearão os currículos e seus conteúdos mínimos, de modo a assegurar formação básica comum; V - coletar, analisar e disseminar informações sobre a educação; VI - assegurar processo nacional de avaliação do rendimento escolar no ensino fundamental, médio e superior, em colaboração com os sistemas de ensino, objetivando a definição de prioridades e a melhoria da qualidade do ensino; VII - baixar normas gerais sobre cursos de graduação e pós-graduação; VIII - assegurar processo nacional de avaliação das instituições de educação superior, com a cooperação dos sistemas que tiverem responsabilidade sobre este nível de ensino; IX - autorizar, reconhecer, credenciar, supervisionar e avaliar, respectivamente, os cursos das instituições de educação superior e os estabelecimentos do seu sistema de ensino. § 1º Na estrutura educacional, haverá um Conselho Nacional de Educação, com funções normativas e de supervisão e atividade permanente, criado por lei. § 2° Para o cumprimento do disposto nos incisos V a IX, a União terá acesso a todos os dados e informações necessários de todos os estabelecimentos e órgãos educacionais. § 3º As atribuições

constantes do inciso IX poderão ser delegadas aos Estados e ao Distrito Federal, desde que mantenham instituições de educação superior (BRASIL, 1996).

Ao olharmos com atenção o artigo 9º, presenciamos a ênfase nos incisos V e VI no que se refere à avaliação. Carneiro (2012) justifica essa ênfase na avaliação, pois a oferta da educação escolar, segundo o autor, não pode ser desvinculada de uma concepção de desenvolvimento político e social, tampouco desprovida de planejamento, irregular e de forma aleatória (p. 132). É imperativo, então, escolas que possam atender as necessidades básicas de aprendizagem. Com isso, é preciso observar que para que se siga

> [...], portanto, o direcionamento que a Constituição Federal e a legislação infraconstitucional lhe impõem, é necessário que os beneficiários de sua oferta recebam, enquanto destinatários, serviços e programações organizados e ministrados de acordo com os princípios previstos no Art. 3º desta LDB (CARNEIRO, 2012, p. 132).

Para compreendermos bem o que o autor quer dizer, transcrevemos na íntegra o Art. 3º da LDBEN:

> Art. 3º O ensino será ministrado com base nos seguintes princípios:
>
> I - igualdade de condições para o acesso e permanência na escola; II - liberdade de aprender, ensinar, pesquisar e divulgar a cultura, o pensamento, a arte e o saber; III - pluralismo de ideias e de concepções pedagógicas; IV - respeito à liberdade e apreço à tolerância; V - coexistência de instituições públicas e privadas de ensino; VI - gratuidade do ensino público em estabelecimentos oficiais; VII - valorização do profissional da educação escolar; VIII - gestão democrática do ensino público, na forma desta Lei e da legislação dos sistemas de ensino; IX - garantia de padrão de qualidade; X - valorização da experiência extra-escolar; XI - vinculação entre a educação escolar, o trabalho e as práticas sociais (BRASIL, 1996).

Deste modo, retornamos ao Inciso V do Art. 9º, qual seja *coletar, analisar e disseminar informações sobre a educação*. Ao olharmos para esse imperativo, percebemos a importância do mesmo para o adequado atingimento das incumbências postas no Art. 3º. Se há o desejo pela adoção de medidas que venham a corrigir políticas na área educacional, então, os imperativos do Inciso V são preponderantes nesse processo. Possuir dados objetivos sobre a realidade educacional é preponderante para a intervenção em possíveis causas de desajustes e a busca por equilíbrios sociais e educacionais. E isso deve ser feito continuamente (CARNEIRO, 2012, p. 133).

No caso do Inciso VI, vemos o resultado da lógica do processo do Estado cuidar da educação. Se, no Inciso V, se cria o "chão da avaliação" ao colocar sobre o Estado a incumbência da coleta, análise e disseminação das informações sobre a educação, agora vemos garantido o processo nacional de avaliação como meio de melhorar a qualidade do ensino e definição de prioridade no uso de recursos públicos (idem).

Avaliar é, nessa visão, a melhor forma de se garantir qualidade na educação, bem como transparência no uso de recursos públicos, pois, como já dito anteriormente, possuindo dados objetivos sobre o processo educacional, pode-se pensar com mais profundidade acerca dos avanços e dificuldades desse processo.

Quando pensamos sobre a legislação e a importância que é dada sobre avaliação, compreendemos como o caminho para a instituição do ENEM foi desenhado desde a concepção da LDBEN. Percebemos, então, que o exame não foi criado aleatoriamente, mas fazendo parte de um processo que buscava, em seu primeiro momento, privilegiar a posse de conhecimentos acerca do que se fazia/faz no país no campo educacional, no caso aqui no Ensino Médio, de modo a pensar sobre essa etapa com riqueza de dados e informações.

A Portaria do MEC nº 438, de 28 de Maio de 1998, então, institui o Exame Nacional do Ensino Médio como procedimento de avaliação do desempenho do aluno, tendo por objetivos, conforme os seguintes incisos do Art. 1º:

> I- conferir ao cidadão parâmetro para autoavaliação, com vistas à continuidade de sua formação e à sua inserção no mercado de trabalho; II- criar referência nacional para os egressos de qualquer das modalidades do Ensino Médio; III- fornecer subsídios às diferentes modalidades de acesso à educação superior; IV- constituir-se em modalidade de acesso a cursos profissionalizantes pós-médio (BRASIL, 1998, p.178).

No primeiro momento, o exame é constituído de uma prova única, centrando-se na avaliação de desempenho por competências e habilidades, vinculando-se a um conceito mais abrangente e estrutural da inteligência humana, ou seja, a busca é pela superação de uma suposta valorização excessiva da memória e dos conteúdos *"em si"*. Tal abordagem de avaliação busca superar essa antiga "memorização" que dispõe de um repertório de respostas-padrão a problemas já conhecidos, sendo a avaliação uma simples constatação desse repertório.

Ainda nesse primeiro momento (1998), 5 (cinco) são as competências e 21 (vinte e uma) habilidades são exigidas de acordo com elas. Para a redação, também são elencadas outras 5 (cinco) competências. Também analisando esse primeiro momento, não se percebe a estruturação da avaliação por disciplinas, tampouco por áreas de conhecimento, mas o tratamento interdisciplinar dos conhecimentos adquiridos ao longo da escolarização no Ensino Médio a partir das competências descritas, contempladas nas 63 (sessenta e três) questões do exame em prova única. A avaliação, nesse primeiro momento, continha a ideia de avaliar a qualidade do Ensino Médio no país, não pressupondo servir como instrumento de entrada no Ensino Superior, tampouco definindo uma matriz com conteúdos listados, como é o caso do Novo ENEM, que veremos no próximo tópico.

4.2 O NOVO ENEM: A CONSTITUIÇÃO DAS ÁREAS DE CONHECIMENTO

Em 13 de maio de 2009, o Comitê de Governança do Novo ENEM, representado pelo Ministério da Educação (MEC), pelas representações da Associação Nacional dos Dirigentes das Instituições Federais de Ensino Superior (ANDIFES) e pelo Instituto Nacional de Estudos e Pesquisas Educacionais (INEP), aprovou a Matriz de Referência para o ENEM 2009.

O documento objeto dessa aprovação está organizado nas quatro áreas que passam a compor o exame, a saber: Linguagens e Códigos e suas Tecnologias; Ciências da Natureza e suas Tecnologias; Ciências Humanas e suas Tecnologias; e Matemática e suas Tecnologias.

Na reunião do dia 14 de maio de 2009, o mesmo Comitê de Governança, juntamente às representações do Conselho Nacional de Secretários de Educação (CONSED), do MEC e do INEP, aprovam os seguintes princípios, que transcrevemos para compreensão adequada do que se começava a vislumbrar com o exame a partir de então:

> 1- Que o novo ENEM, no formato proposto pelo MEC/INEP, é importante instrumento de reestruturação do Ensino Médio;

2- Que em função disso, deve-se vislumbrar a possibilidade de universalização da aplicação do Exame aos concluintes do Ensino Médio em futuro próximo; 3- Que a edição de 2009 deve se fundamentar na atual organização do Ensino Médio e nos seus exames – ENEM e Exame Nacional de Certificação de Competências de Jovens e Adultos (ENCCEJA), respeitando-se o itinerário formativo dos estudantes matriculados no Ensino Médio (BRASIL, 2009).

Lembremos que a ideia, agora, é da organização do saber em quatro áreas de conhecimento. Inserem-se, em cada área, várias competências e, para cada competência, estabelecem-se as habilidades correlatas.

Na Matriz da área de Linguagens, Códigos e suas Tecnologias, temos 9 (nove) competências, totalizando 30 (trinta) habilidades requeridas; na Matriz de Matemática e suas Tecnologias, temos 7 (sete) competências e 30 (trinta) habilidades requeridas; na Matriz de Ciências da Natureza e suas Tecnologias, temos 8 (oito) competências e 30 (trinta) habilidades requeridas; e na Matriz de Ciências Humanas e suas Tecnologias, temos 6 (seis) competências e 30 (trinta) habilidades requeridas.

No mesmo documento, temos um anexo intitulado "Objetos de conhecimento associados às Matrizes de Referência", em que presenciamos de forma detalhada o que será abordado na avaliação em cada área, portanto, delineando os conteúdos teóricos a serem desenvolvidos na prova.

A Educação Física entra na Matriz do Novo ENEM na área de Linguagens, Códigos e suas Tecnologias, entendendo a expressão corporal como linguagem, tendo como competência da área 3, que é a área que compreende a Educação Física no exame, "compreender e usar a linguagem corporal como relevante para a própria vida, integradora social e formadora de identidade" (BRASIL, 2009, s/p.). Há 4 (quatro) habilidades requeridas em correlação com a competência citada.

De certo modo, pensamos ser coerente a Educação Física, área historicamente ligada ao *"saber fazer"*, estar presente em uma avaliação escrita de larga escala, pois se trata de uma avaliação que pressupõe ser instrumento de reestruturação do Ensino Médio e, sendo a Educação Física componente curricular obrigatório desse segmento de ensino, víamos com desconfiança a exclusão dos conhecimentos inerentes a essa área.

O importante, nesse primeiro momento, é analisar a instituição do ENEM em dois momentos históricos, 1998 e 2009, e, assim, percebermos a proporção e os objetivos que o exame absorveu a partir desses dois momentos. Nesse ínterim, analisaremos a inserção da Educação Física no ENEM em 2009, percebendo, a partir do estudo de Lira (2013), quais os conteúdos evidenciados nos exames ano após ano, pois, assim sendo, caracterizaremos a prova a partir dos conteúdos que são vistos nas questões do exame.

Contudo, não deixaremos de lado a crítica a uma cultura centrada na performatividade. Lopes e Lopez (2010) chegam a apontar que o ENEM pode, além de influenciar, criar uma forma de controle dos currículos da Educação Básica, uma vez que exames que pressupõem acesso ao ensino superior demonstram grande influência sobre a construção dos currículos no chão da escola brasileira, notadamente as escolas privadas, que muitas vezes se veem reféns do mercado.

4.3 COMPETÊNCIAS E HABILIDADES: CONHECENDO OS CONCEITOS PARA COMPREENDER A LÓGICA DO ENEM

Como já foi mencionado anteriormente, o ENEM avalia competências e habilidades que devem ser desenvolvidas durante o Ensino Médio. Como avaliação, pressupõe-se identificar lacunas a serem superadas durante o aprendizado, avaliando a qualidade do Ensino Médio, bem como o estado do estudante perante essas competências e habilidades. Mas de onde vêm esses conceitos?

Perrenoud (2000) afirma que o próprio conceito de competência merecia diversas e longas discussões. Para o autor, no entanto, a noção de competência está ligada a uma "capacidade de mobilizar diversos recursos cognitivos para enfrentar um tipo de situação." (p.15) Nesse contexto, a avaliação deve propor diversas situações/problemas complexas que levem o estudante a desenvolver as competências necessárias.

Para entender o conceito de habilidade, recorreremos a Garcia (2005), baseando-se em Perrenoud (2000):

> Em geral, as habilidades são consideradas como algo menos amplo do que as competências. Assim, a competência estaria constituída por várias habilidades. Entretanto, uma habilidade não "pertence" a determinada competência, uma vez que uma mesma habilidade pode contribuir para competências diferentes. Uma pessoa, por exemplo, que tenha uma boa expressão verbal (considerando que isso seja uma habilidade)

pode se utilizar dela para ser um bom professor, um radialista, um advogado, ou mesmo um demagogo. Em cada caso, essa habilidade estará compondo competências diferentes (p.5).

E onde se encaixam essas noções de competências e habilidades quando pensamos no ENEM? Segundo um dos relatórios do INEP (BRASIL, 2005), a elaboração e a inserção de questões/itens nas provas estão fundamentadas em três seguintes pressupostos teóricos, a saber: situação-problema, interdisciplinaridade e contextualização.

Uma situação-problema pode ser definida como uma questão que oferece uma variedade de alternativas de respostas, porém somente uma corresponde à verdade do que foi enunciado. O estudante, então, analisa o conteúdo proposto na situação-problema e, recorrendo às habilidades de ler, comparar, interpretar, decide sobre a alternativa que responde ao proposto.

Dentro dessa perspectiva, não cabe mais a compartimentalização do conhecimento em disciplinas, mas entrando aqui o segundo pressuposto: a interdisciplinaridade, entendida como uma comunicação efetiva entre disciplinas, de modo a romper com a fragmentação do currículo no processo de ensino e aprendizagem. Vejamos a seguir como Tavares recorre a Pena para reforçar a ideia de interdisciplinaridade como pressuposta,

> A interdisciplinaridade é uma exigência do mundo contemporâneo. Ela não só auxilia na compreensão do movimento de abertura frente ao problema do conhecimento e das transformações contínuas da contemporaneidade, mas busca dar sentido, principalmente nas instituições de ensino, ao trabalho do professor, para que ambos – professor e aluno – delineiem o caminho que idealizaram, reveja-se no sentido de juntos elaborarem o traçado de novas atitudes, novos caminhos, novas pesquisas, novos saberes, novos projetos (TAVARES, 2008[8], p. 135).

Assim, a interdisciplinaridade é uma condição para aqueles que compõem o Ensino Médio nas escolas repensarem suas práticas, pois o exame que avaliará a qualidade desse segmento aborda tal elemento na constituição dos seus itens/questões.

Um terceiro pressuposto é valorizado na composição do ENEM: a contextualização. Lembramos que a ideia é romper com o paradigma avalia-

---

[8] PENA Apud Tavares em seu artigo intitulado A interdisciplinaridade na contemporaneidade — qual o sentido? In: FAZENDA, Ivani (org.) O Que é interdisciplinaridade? São Paulo: Cortez, 2008.

tivo em que fórmulas, regras, conhecimentos, devam ser "decorados/memorizados". Não que a memorização seja descartável, mas, em se tratando de competências e habilidades, o que é primordial é mobilizar os conhecimentos de modo a enfrentar/resolver situações postas. Desta maneira, os conhecimentos são construídos a partir do cotidiano e dos saberes sistematizados pelas disciplinas escolares e promovidos pela interdisciplinaridade. O saber escolar passa a ter sentido quando é aplicado no cotidiano do estudante.

Para aclarar esse contexto, vejamos o que Perrenoud (2000) afirma sobre a ideia de metacognição:

> A metacognição (...) é o fato de efetuar um retorno sobre seu próprio processo de aprendizagem e de interrogar, de alguma maneira externa, com a ajuda de seus pares, de seus mestres e dos seus suportes culturais necessários, a própria dinâmica da transferência de conhecimentos. É uma maneira de trabalhar essa transferência deixando de estar no processo, mas ficando diante do processo. Um modo de separar o interior e o exterior, de passar pelo crivo da regulação coletiva e da verbalização racional a relação que se estabeleceu entre os conhecimentos que se aprendeu e o mundo no qual se vive... (p.67).

Os três pressupostos, situações-problema, interdisciplinaridade e contextualização, balizam a formulação das questões e consequentemente influem sobre toda a prática pedagógica se entendermos que o ENEM hoje serve como exame para a entrada no ensino superior. Entender essas questões é extremamente válido para fazermos a leitura de como o exame é constituído e, assim, constituirmos uma crítica construtiva perante as consequências de uma disciplina como a Educação Física ser inserida no bojo dessa avaliação.

Para além da mera aceitação das terminologias competências e habilidades ou a mera transposição para estas a partir dos clássicos termos conteúdos e objetivos, é preciso compreender a lógica posta no ENEM ao tratar destas questões, bem como no interior das realidades escolares. Fiquemos, por ora, com a caracterização do exame como avaliação da qualidade do Ensino Médio para que, compreendendo-o de forma inicial, possamos entender suas implicações para a Educação Física como componente curricular.

5

ANÁLISE DAS QUESTÕES QUE ENVOLVEM CONHECIMENTOS RELATIVOS À EDUCAÇÃO FÍSICA NAS PROVAS DO ENEM

Com o intuito de debatermos a Educação Física no ENEM, analisamos as provas do exame entre os anos de 2009 e 2015. Com isso, conseguimos mapear os conteúdos que são recorrentes no ENEM quando se referem aos conhecimentos atribuídos à Educação Física na Matriz de Referência dessa avaliação externa. A partir dos conteúdos presenciados nas questões, foram elaborados quadros de modo a resumirmos aquilo de que trataram as provas durante os últimos anos, desde a instituição do Novo Enem, em 2009, até o ano de 2015.

Elaboramos um quadro para cada ano de execução do ENEM e buscamos uma análise do objeto de conhecimento[9] à qual aquela questão poderia estar vinculada. Na coluna "Conteúdo", versamos sobre o que entendemos ser o conhecimento específico da questão. Por exemplo, se uma questão tratasse do conhecimento relativo à modalidade esportiva futebol, teríamos como Objeto de Conhecimento o Esporte e, como Conteúdo, o Futebol. Por fim, temos a coluna denominada "Análise", na qual fazemos uma breve consideração acerca da questão, de modo a resumi-la ou tão somente deixar clara uma característica da questão.

Ao final desta dissertação, temos todas as questões analisadas neste capítulo transcritas do modo como estavam impressas nas provas do ENEM ao longo dos anos. Trata-se das questões do Exame Nacional do Ensino Médio – conteúdos referentes à Educação Física (ANEXO 5), estruturadas em ordem crescente relativas ao ano da prova e o número da questão, bem como o tipo de prova do qual foi retirada a questão (azul, verde etc.). Tal anexo foi construído a fim de ajudar na compreensão das análises realizadas por fornecer a possibilidade de visualização da questão na íntegra.

---

[9] Objeto de conhecimento, nesse caso, consiste em uma referência a como os conhecimentos de Educação Física estão postos na Matriz de Referência do ENEM. É uma forma de aproximar os conteúdos presenciados nas questões do que preconiza o documento base do ENEM em seu anexo referente aos conhecimentos de cada área.

Uma dificuldade na análise é que tudo o que envolve o ENEM e, especificamente, a inclusão da Educação Física é muito recente. Portanto, a construção dos quadros para a análise das questões tornou-se um problema até mesmo pela ausência de clareza acerca da opção de abordagem teórico-metodológica de Educação Física. Classificamos do modo que está posto por entendermos aproximar-se do que presenciamos em termos de práticas corporais.

No quadro 1, a seguir, vemos a edição de 2009 do ENEM. A prova de Linguagens, Códigos e suas Tecnologias contemplou 45 questões. Destas, conseguimos vislumbrar apenas 4 que envolviam diretamente conteúdos relacionados à Educação Física, o que perfaz 8,8% da prova.

Quadro 1: Análise das questões envolvendo conteúdos de Educação Física - ENEM 2009 - Caderno Azul

Questão	Objeto de conhecimento	Conteúdo	Análise
95	- Dança; - O corpo e a expressão artística e cultural; - O corpo no mundo dos símbolos e como produção da cultura.	Balé	A questão retrata a importância da expressão corporal através do balé e tudo que envolve a apresentação do mesmo para retratar as condições de um grupo social. Pode ser perfeitamente aplicável ao campo das artes, porém, como contempla o tema "Dança" e outros objetos contidos na Matriz de Referência do ENEM, incluímos no contexto da Educação Física.
103	- Exercício Físico e Saúde; - Práticas Corporais e autonomia; - Condicionamentos e esforços físicos.	Aptidão Física	Como se trata de uma pergunta demasiadamente conceitual, acerca do que é aptidão física, o aluno deveria ler todas as alternativas a fim de buscar aquela que mais se adequasse ao conceito legitimado. que contivesse toda a verdade.

115	- Dança; - O corpo e a expressão artística e cultural; - o corpo no mundo dos símbolos e como produção da cultura	Danças indígenas	Pode ter causado certa confusão, haja vista que, mesmo com a possibilidade de interpretação do texto, as alternativas são um tanto quanto confusas. Quanto ao conhecimento relativo à Educação Física, há um distanciamento dos saberes específicos da disciplina por se exigir a mera análise cultural, algo que é bem específico.
134	Mitos e verdades sobre os corpos masculino e feminino na sociedade atual	Corpo e saúde	Interpretação textual acerca do fenômeno da busca pelo "corpo perfeito" e suas consequências.

Fonte: Cadernos de questões do Enem – disponíveis em *http://portal.inep.gov.br/web/enem/edicoes-anteriores*

Nesse quadro, ressaltamos um dado interessante na coluna Análise: é quando vemos os objetos de conhecimento atrelados a cada questão. Em três das quatro questões, foi impossível delimitar um só objeto de conhecimento ligado àquela questão. A explicação para esse fato se dá pelo entendimento de que, na Matriz de Referência do ENEM, há referências muito amplas no que concerne aos conhecimentos da área.

Entendendo este como o corpo de conhecimentos a serem dominados pelos egressos do Ensino Médio, como podemos, então, compreender a diferença entre o objeto de conhecimento delimitado como "o corpo e a expressão artística e cultural" e o objeto "o corpo no mundo dos símbolos e como produção da cultura"?

O quadro 2, a seguir, refere-se à primeira aplicação da prova em 2010. Das 45 questões de Linguagens, 3 faziam menção a conteúdos relativos à Educação Física, perfazendo aproximadamente 6,6% da prova. Salientamos que, no ano de 2010, a prova teve duas aplicações por conta de vários problemas durante a execução da primeira aplicação, por exemplo, o vazamento de informações acerca do tema da Redação antes da aplicação da prova e a impressão de provas com ausência de questões, ordenamento errado em relação à folha de respostas, dentre outros problemas.

Quadro 2: Análise das questões envolvendo conteúdos de Educação Física - ENEM 2010 – primeira aplicação - Caderno Azul

Questão	Objeto de conhecimento	Conteúdo	Análise
106	- Dança; - O corpo e a expressão artística e cultural; - O corpo no mundo dos símbolos e como produção da cultura.	Dança popular e folclórica	Por tratar de danças folclóricas brasileiras, a simples leitura das alternativas poderia subsidiar a resposta do aluno que tenha um mínimo de contato com essas danças, sem necessidade do domínio conceitual.
110	- Condicionamento e esforços físicos; - Exercício Físico e Saúde; - Práticas corporais e autonomia.	Capacidades Físicas	Apesar de a imagem contida na questão relacionar-se à Ginástica, para resolver essa questão, o aluno precisa dominar conceitualmente os termos relativos às capacidades físicas.
120	Esporte	Fundamentos Técnicos do Voleibol	A memorização é contemplada nesse caso, pois não leva o aluno a uma reflexão mais crítica, e sim à mera identificação dos fundamentos do esporte em questão.

Fonte: Cadernos de questões do Enem – disponíveis em *http://portal.inep.gov.br/web/enem/edicoes-anteriores*

Novamente há dificuldade em se estabelecer um objeto de conhecimento único, dessa vez, em duas das questões. Mais uma vez, vemos contemplado o conhecimento acerca da dança e também sobre os conhecimentos relativos à área da saúde.

No que se refere ao conhecimento do esporte, a questão 120 não realiza uma reflexão acerca do fenômeno esportivo ou do esporte enquanto manifestação construída histórica e coletivamente pela sociedade, mas apenas um conhecimento prático específico acerca dos fundamentos técnicos, denotando um tecnicismo até então combatido pela Matriz do exame.

No quadro 3, a seguir, a análise sobre a prova de 2010, em sua segunda aplicação. A prova conteve 3 questões relativas à Educação Física em um universo de 45 questões da área de Linguagens, códigos e suas tecnologias; novamente um percentual de 6,6% da prova.

Quadro 3: Análise das questões envolvendo conteúdos de Educação Física - ENEM 2010 - Segunda Aplicação - Caderno Azul

Questão	Objeto de conhecimento	Conteúdo	Análise
96	Condicionamentos e esforços físicos	Saltos	Os saltos podem ser desenvolvidos em variadas formas, como a ginástica e o atletismo, bem como em atividades cotidianas. Porém, o domínio conceitual acerca das fases do salto era exigido de modo supérfluo, privilegiando o decoro e, mais uma vez afastando-se de uma reflexão mais aprofundada.
118	- Dança; - O corpo e a expressão artística e cultural; - O corpo no mundo dos símbolos e como produção da cultura.	Dança e cultura	Mera interpretação textual acerca da dança como expressão cultural.
127	Mitos e verdades sobre os corpos masculino e feminino na sociedade atual	Corpo e mídia	O texto leva a uma reflexão acerca da influência da mídia na ideia de um corpo perfeito; foco na interpretação textual.

Fonte: Cadernos de questões do Enem – disponíveis em http://portal.inep.gov.br/web/enem/edicoes-anteriores

Aqui temos uma questão sobre saltos e que não especifica o conceito dessa atividade, deixando-os no contexto das práticas corporais as mais diversas quando apenas aborda sobre as fases do saltar. As demais questões privilegiam a interpretação textual, nas quais mais uma vez vemos o "corpo" como tema das questões, ora como expressão cultural, ora como reflexão acerca de um chamado "corpo perfeito".

A seguir, o quadro 4 referente ao ENEM 2011, que conteve 4 das 45 questões tratando sobre conteúdos da Educação Física, perfazendo, assim, 8,8% do total da prova. Em 2011 voltamos à normalidade tendo apenas uma aplicação de provas em dois dias. Nessa prova, tivemos pela primeira vez a contemplação da língua estrangeira. Considerando que o exame pressupõe a interdisciplinaridade e a contextualização, não é de se estranhar que nas questões de língua estrangeira tivéssemos conhecimentos de outras áreas, ainda mais pensando na interpretação de textos. E é nesse contexto que explicamos uma situação que envolve a Educação Física.

Em uma das questões da prova de espanhol, a questão 94, vemos o conhecimento acerca da dança contemplado. Porém, na própria divisão feita pelo INEP na orientação alocada na capa da prova, as questões de número 91 a 95 são específicas de língua estrangeira, tendo, inclusive, competências e habilidades específicas da mesma. Portanto, ao não se vincularem às competências e habilidades da área de Educação Física, optamos por não contemplar a referida questão nessa análise.

Quadro 4: Análise das questões envolvendo conteúdos de Educação Física - ENEM 2011 - Caderno Azul

Questão	Objeto de conhecimento	Conteúdo	Análise
96	- Exercício físico e saúde; - Condicionamentos e esforços físicos.	Corpo e hábitos de vida	Pressupõe interpretação de texto acerca de hábitos saudáveis adotados na modernidade, mas a alternativa dada como correta fala também de alimentação, que sequer é tratada no texto.
105	- Dança; - O corpo e a expressão artística e cultural; - O corpo no mundo dos símbolos e como produção da cultura.	Danças folclóricas	Apesar de considerar a interpretação do texto, aborda conceituação sobre a cultura influindo nas danças folclóricas.
108	Lutas	Lutas e violência	Leva a uma reflexão acerca da violência na sociedade atual e sobre o verdadeiro papel das lutas.
127	- Exercício Físico e saúde; - Condicionamentos e esforços físicos	Imagem corporal e hábitos saudáveis	A imagem trata de uma propaganda que associa um abdômen protuberante a hábitos não saudáveis, buscando convencer o leitor à troca desses hábitos.

Fonte: Cadernos de questões do Enem – disponíveis em *http://portal.inep.gov.br/web/enem/edicoes-anteriores*

Mais uma vez, a dança é contemplada, como também a temática da imagem corporal e dos hábitos saudáveis. A novidade na avaliação do ano de 2011 é a contemplação da temática das lutas e seu papel diante da violência. Nesse contexto vemos o reforço da ideia de contextualização, pois, ao enxergar a temática da violência vinculada a uma reflexão sobre as lutas, era de se esperar do aluno ir além do mero tecnicismo.

Seguindo, chegamos ao ano de 2012, no quadro 5. Vemos 3 questões com conhecimentos relativos à Educação Física, o que, dentro do universo de 45 questões da prova da área, perfaz 6,6% do total.

Quadro 5: Análise das questões envolvendo conteúdos de Educação Física - ENEM 2012 - Caderno Azul

Questão	Objeto de conhecimento	Conteúdo	Análise
96	Exercício Físico e Saúde	Benefícios fisiológicos do Exercício Físico	A resposta para a questão encontra-se na própria imagem, bastando ao aluno interpretá-la.
100	O corpo no mundo dos símbolos e como produção da cultura	Imagem corporal	Interpretando o texto, o aluno pode verificar a inquietação do autor acerca da pressão exercida pela sociedade, padronizando uma imagem corporal.
115	Esporte	Futebol	Reflexão acerca da alienação exercida por quem utiliza o futebol para esse fim.

Fonte: Cadernos de questões do Enem – disponíveis em *http://portal.inep.gov.br/web/enem/edicoes-anteriores*

Se, por um lado, vemos uma diferença de perspectiva ao se analisar o esporte (questão 115) enquanto elemento que pode ser usado como fator alienante em relação à prova de 2010, em que apenas se cobravam os fundamentos técnicos, por outro, continua presente a lógica de análise de imagem corporal e a temática de exercício e saúde.

Na questão de número 100, por exemplo, vê-se no texto um padrão de imagem corporal a ser seguido e, nesse contexto, uma inquietação, e por que não dizer uma crítica a esse modelo? Por outro lado, na questão de número 96, fala-se claramente dos benefícios do exercício físico sob a lógica de uma saúde individualista, de modo que a responsabilidade pelo estado de saúde ou a ausência desta seria creditada ao indivíduo, não considerando outros elementos igualmente importantes na determinação das condições de vida. Essa incoerência no teor das questões pode levar ao o estudante a uma confusão conceitual que não contribui na formação da ideia de saúde no seu contexto mais amplo.

No ano de 2013, temos, no quadro 6, a análise de 3 questões com conhecimentos de EF de um universo de 45, o que corresponde a 6,6% do total.

Quadro 6: Análise das questões envolvendo conteúdos de Educação Física - ENEM 2013 - Caderno Amarelo

Questão	Objeto de conhecimento	Conteúdo	Análise
101	- Exercício Físico e Saúde; - Práticas corporais e autonomia; - condicionamentos e esforços físicos.	Obesidade, hábitos alimentares e sedentarismo.	O conhecimento exigido decai nas questões sobre os maus hábitos alimentares, o sedentarismo e o risco da conjunção desses fatores para o aumento da obesidade, embora, pela interpretação do texto e das alternativas, pode-se chegar à resposta.
103	Jogo	Elementos do jogo	O texto de Huizinga contemplado na questão deixa claro o caráter lúdico do jogo.
108	Dança	Dança folclórica: quadrilha.	Interpretando o texto, chega-se à conclusão acerca da explicação da quadrilha como dança folclórica, porém há certa exigência de domínio conceitual.

Fonte: Cadernos de questões do Enem – disponíveis em *http://portal.inep.gov.br/web/enem/edicoes-anteriores*

À semelhança de outros anos, a temática da saúde é contemplada, assim como a perspectiva de análise da dança como expressão da cultura. Como novidade, a análise do caráter lúdico do jogo e dos elementos constitutivos do mesmo.

Novamente vemos presente a lógica da saúde em uma perspectiva individualista. O indivíduo que associa maus hábitos alimentares com um comportamento sedentário, para o texto da questão, tem aumentados os níveis de obesidade. Podemos exemplificar para que se compreenda onde está a lacuna em questões como essa. Pessoas que moram em bairros onde a violência é extrema, em que ruas e calçadas não possuem pavimento adequado e que não têm acesso a parques e praças públicas de qualidade podem mesmo ser responsabilizadas isoladamente por seus comportamentos sedentários? E se essas mesmas pessoas possuem baixa renda e, portanto, não conseguem acessar alimentação de qualidade por ser esta de valor monetário mais alto? Podem essas pessoas igualmente ser responsabilizadas isoladamente por seus maus hábitos alimentares?

Porém, surgem gratas surpresas na prova, como a questão sobre o jogo com fundamentação em Huizinga. Texto coerente, simples, e com contribuição para a disseminação de um tema tão rico como o jogo na perspectiva do uso do tempo livre. A questão sobre dança, apesar da exigência de certo domínio conceitual, leva o estudante a interpretar com base no que constitui a quadrilha em seus aspectos históricos e de relação com o folclore, ampliando a percepção sobre uma manifestação cultural tão importante.

Agora, atentemos para o ano de 2014, de modo que temos, no quadro 7, a análise de 3 questões do universo de 45, o que corresponde a 6,6% do total.

Quadro 7: Análise das questões envolvendo conteúdos de Educação Física - ENEM 2014 - Caderno Amarelo

Questão	Objeto de conhecimento	Conteúdo	Análise
103	Lutas	MMA – Artes Marciais Mistas – e regras	Leva a uma reflexão acerca das mudanças nas regras e da organização do MMA como forma de desvincular o contexto de violência nessa forma competitiva de luta.
104	Mitos e verdades sobre os corpos masculino e feminino na sociedade atual	Corpo e mídia; Suplementação alimentar	O texto leva a uma reflexão acerca da influência da mídia na ideia de um corpo perfeito, relacionando-o com a ingestão de suplementos alimentares; foco na interpretação textual.

| 129 | - O corpo e a expressão artística e cultural;
- O corpo no mundo dos | Cultura hip-hop | Apesar de considerar a interpretação do texto, aborda conceituação sobre a cultura hip-hop influindo sobre a identidade dos jovens e como meio de lazer. |

Fonte: Cadernos de questões do Enem – disponíveis em *http://portal.inep.gov.br/web/enem/edicoes-anteriores*

Na perspectiva da contextualização, temos uma questão muito relevante que remete a refletir sobre a violência que nos cerca e suas relações com o ensino das lutas. Ao selecionar o texto sobre o MMA, modalidade competitiva de lutas que encontra muito espaço na mídia, o autor da questão remete aos preconceitos com quem luta por se estabelecer de forma irresponsável uma relação entre violência e luta.

A questão 104 aborda novamente o padrão de imagem corporal e a crítica a esse modelo, mas ainda fazendo relação com a ingestão por parte dos indivíduos de suplementos alimentares. Por fim, na questão 129, estabelece-se uma relação importante entre a identidade juvenil e o lazer, a partir da cultura (nesse caso, a cultura hip-hop). Se, por um lado, leva o estudante a refletir sobre uma dada cultura, por outro, exige uma conceituação que pode não estar acessível à maioria das comunidades escolares.

No ano de 2015, a prova teve duas aplicações e o quadro 8, a seguir, refere-se então à primeira aplicação da prova. Das 45 questões de Linguagens, 3 faziam menção a conteúdos relativos à Educação Física, perfazendo aproximadamente 6,6% da prova.

Quadro 8: Análise das questões envolvendo conteúdos de Educação Física - ENEM 2015 – primeira aplicação - Caderno Amarelo

Questão	Objeto de conhecimento	Conteúdo	Análise
96	- Dança; - O corpo e a expressão artística e cultural; - O corpo no mundo dos símbolos e como produção da cultura.	Cultura Hip-hop; Break.	Apesar de considerar a interpretação do texto, aborda conceituação sobre a cultura hip-hop e há a necessidade de domínio conceitual acerca da dança "Break".
102	Jogo	Elementos do jogo e da brincadeira "Amarelinha"	Texto para interpretação sobre a amarelinha, porém, para se responder a questão, é preciso domínio conceitual sobre as formas de organização do jogo/brincadeira popular.
128	- Exercício Físico e Saúde; - Condicionamentos e esforços físicos	Obesidade e suas consequências para a saúde	Destaca as consequências da obesidade para o quadro clínico de um paciente com outras doenças. Envolve interpretação textual.

Fonte: Cadernos de questões do Enem – disponíveis em *http://portal.inep.gov.br/web/enem/edicoes-anteriores*

Curiosamente, a prova contempla uma questão sobre a cultura hip-hop pelo segundo ano seguido, nas mesmas características do ano anterior: reflexão sobre uma dada cultura e necessidade de domínio conceitual sobre um estilo de dança. O conhecimento jogo ganha espaço mais uma vez, o que pode ser considerado importante por estabelecer nexos com a cultura, porém ainda exigindo domínio conceitual sobre formas de organização. Encerrando as questões dessa primeira aplicação, a saúde na perspectiva individualista está presente novamente, como se a obesidade fosse uma mera questão a ser resolvida pelo indivíduo, e não como uma endemia a ser tratada em uma lógica coletiva.

O quadro 9, a seguir, refere-se à segunda aplicação da prova em 2015, o que ocorreu por conta de problemas operacionais (como vazamento de informações sobre as provas). Como neste estudo o foco é a prática pedagógica, não convém analisarmos a aplicação das provas em si, mas o conteúdo das mesmas. Das 45 questões de Linguagens, 3 faziam menção a conteúdos relativos à Educação Física, perfazendo aproximadamente 6,6% da prova.

Quadro 9: Análise das questões envolvendo conteúdos de Educação Física - ENEM 2015 – segunda aplicação - Caderno Amarelo

Questão	Objeto de conhecimento	Conteúdo	Análise
121	- Exercício Físico e saúde; - Condicionamentos e esforços físicos	Sobrepeso e Imagem corporal	A imagem trata de uma charge que associa a imagem corporal ao sobrepeso, porém a análise da questão decai na consequência para o indivíduo, clinicamente falando, com o aumento do peso. Exige primordialmente a interpretação textual.
128	- Esporte	Jogos tribais indígenas e Jogos Olímpicos	O texto da questão explica como são pensados os Jogos Indígenas e questiona o que aproxima esses jogos dos Jogos Olímpicos. Exige interpretação textual para entender a organização dos Jogos Indígenas, mas também pede domínio conceitual sobre a temática Esporte, bem como sobre organização dos Jogos Olímpicos.
130	- Dança; - O corpo e a expressão artística e cultural; - O corpo no mundo dos símbolos e como produção da cultura.	Dança: técnicas e expressão artística.	Mera interpretação textual acerca da utilização da técnica na dança como suporte à expressão artística.

Fonte: Cadernos de questões do Enem – disponíveis em *http://portal.inep.gov.br/web/enem/edicoes-anteriores*

De modo geral podemos elencar, a seguir, algumas características das provas de Linguagens, códigos e suas tecnologias desde 2009 até 2015. Em todos os anos, tivemos um percentual menor do que 10% das questões, alternando entre dois percentuais: ora tínhamos 6,6% do total de questões, ora tínhamos 8,8% do total de questões. Fica evidente que há questões em que a interpretação textual tem centralidade, ou seja, resolvem-se estas apenas lendo os textos contidos nos enunciados; em outras questões, o domínio conceitual relacionando-se a uma reflexão é determinante; e, por fim, temos questões nas quais é exigido apenas o domínio dos conceitos.

A temática da saúde é contemplada em todas as provas do ENEM. Nessa perspectiva por vezes aborda-se a aptidão física, por vezes abordam-se hábitos saudáveis e, em alguns momentos, há o questionamento à imagem corporal. Segundo Miranda, Lara e Rinaldi (2009), estes "[...] são conhecimentos restritos ao âmbito da saúde, o que está presente de forma hegemônica na sociedade e que veicula a saúde apenas em seu aspecto biológico (p.625)".

Bracht (1999), ao falar sobre a perspectiva da abordagem da temática saúde em aulas de EF, faz uma crítica a uma proposta que aborda a aptidão física na lógica da promoção da saúde.

> Considerando os avanços do conhecimento biológico acerca das repercussões da atividade física sobre a saúde dos indivíduos e as novas condições urbanas de vida que levam ao sedentarismo, essa proposta revitaliza a ideia de que a principal tarefa da EF é a educação para a saúde ou, em termos mais genéricos, a promoção da saúde. (p. 78)

Miranda, Lara e Rinaldo (2009) retomam essa crítica ao lembrarem um período histórico em que a EF estava ligada direta e fortemente a essa perspectiva.

> A inquietação com o corpo e a saúde, presente na atual sociedade, nos remete à década de 1930 – período higienista – quando, na Europa, surge a preocupação central com a proteção da população. Com relação à saúde, os higienistas mediavam (gerando "soluções científicas") os conflitos entre o capital e os trabalhadores, procurando desenvolver a saúde da população trabalhadora e propiciar melhores condições de trabalho no horizonte do aumento da produtividade ou acumulação das empresas, atrelado à visão de formação de um povo forte e sadio, produtivo e íntegro, aspectos também presentes na educação física como esporte. (p. 626)

É preciso reiterar que concordamos com a crítica não por entendermos que a temática da saúde não deva estar presente nos planejamentos de ensino ou mesmo nas avaliações que contenham conteúdos de EF, mas por esse tratamento biologicista e individualista que aborda a saúde em um contexto restrito, em que outros condicionantes não são levados em consideração ou até mesmo por entender a EF apenas como o *educar para a saúde*.

> Compreender a saúde por meio das interfaces relacionadas com as condições de alimentação, habitação, renda, meio ambiente, transporte, emprego e lazer, dentre outras, tendo em vista a realidade na qual os alunos estão inseridos, é um caminho possível. [...] O papel da escola na sua relação com a saúde reside na responsabilidade dos profissionais que conduzem os programas em construírem o maior número de relações que viabilizem a ampliação do entendimento dos seus alunos acerca desse fenômeno, bem como diversificar as vivências corporais e, ao mesmo tempo, estabelecer um tratamento que relacione as mesmas aos conteúdos conceituais e às reflexões em torno dos valores éticos e morais envolvidos. (RANGEL et al, 2011a, p. 44)

Essa é uma concepção ampliada de saúde que pode (e deve!) estar contemplada nas aulas, bem como nas avaliações externas, porque contempla a temática e seus diversos condicionantes, deixando claro que a responsabilidade sobre a saúde coletiva não se deve a atitudes isoladas, mas a uma união de esforços entre os indivíduos e o poder público nas soluções dos problemas de saúde da população.

A dança como expressão de uma dada cultura apenas não foi contemplada no ano de 2012, porém, em todas as outras aplicações do exame, presenciamos essa temática. Em alguns contextos, vemos a análise a partir de modalidades da dança, como o balé e a quadrilha; em outros, vemos a análise a partir do contexto cultural das danças como um todo. Essa análise pode ser feita em algumas questões pela mera interpretação textual e em outra pelo domínio conceitual acerca da dança.

Outros temas contemplados, mas de modo bem tímido, são o Esporte, que aparece de duas formas distintas: em 2010 na primeira aplicação sob o aspecto meramente tecnicista e em 2012 realizando uma reflexão sobre a utilização do mesmo como meio alienante; as Lutas, inseridas em 2011; e o Jogo, que é abordado sob o seu aspecto lúdico em 2013. De forma a sintetizar, recorremos a Souza Junior e Darido (2011) quando afirmam que

> pode-se concluir que, houve uma baixa representatividade das questões de Educação Física nas provas do Enem e que houve predomínio de algumas temáticas, como exercício e dança, não abarcando a diversidade de sentidos da cultura corporal de movimento e sua diversidade de práticas. (p. 529).

Verificamos a prevalência de temas como os descritos na análise acima com desconfiança, haja vista que já discutimos em outros momentos no texto sobre a influência que uma avaliação externa, como o ENEM, pode exercer sobre os currículos nas mais diversas realidades escolares.

Quando pensamos na possível valorização do componente curricular Educação Física, por estar presente agora em um exame de abrangência nacional e que contempla o acesso ao Ensino Superior, encaramos outros problemas como a confusão conceitual, a negação de conteúdos relevantes para a formação humana e até mesmo o baixo número de questões envolvendo conhecimentos da área. As questões previamente mencionadas podem ampliar o preconceito já existente contra a Educação Física em relação a outras disciplinas, acarretando situações como, por exemplo, a perpetuação da discriminação da Educação Física em detrimento a outras áreas que não somente possuem um número maior de questões nas avaliações, como podem encontrar-se estruturadas de melhor forma por pertencerem a uma tradição de avaliações de larga escala.

Compreender esses fenômenos para debater com quem trabalha com o ENEM nas escolas e com quem organiza o exame é dever de todo o corpo de professores de Educação Física no Ensino Médio, de modo a não sermos marginalizados no processo de construção de uma avaliação que contemple o Ensino Médio em sua totalidade, numa perspectiva de avanço na qualidade das ações educativas.

6

UM BREVE HISTÓRICO E A REALIDADE DA ESCOLA EM ESTUDO

No documento intitulado "Proposta Pedagógica" da escola escolhida para este estudo, há a menção a construção conjunta do mesmo entre o corpo técnico e o corpo docente da escola, tendo como preocupação a adequação à realidade sociocultural em que a mesma está inserida. Faz-se um levantamento histórico da instituição, resgatando os valores da mesma, "permitindo uma retrospectiva dos encaminhamentos, fatos e avanços realizados ao longo do tempo" (p.1). Seguem os direitos e deveres do educando e o importante papel dos pais, destacando-se em seguida os aspectos filosóficos, sociológicos e psicopedagógicos que apontam para a práxis escolar da instituição, bem como as competências e habilidades esperadas ao longo da escolarização básica. No nosso estudo, evidenciamos as que são vinculadas especificamente ao Ensino Médio e, de forma mais evidente, a área que contempla a Educação Física.

No documento, há o entendimento do que seja "competência" para a escola, denotando "a capacidade de agir eficazmente em um determinado tipo de situação, apoiada em conhecimentos, mas sem limitar-se a eles". As competências, então, não seriam meramente conhecimentos, mas se entende que as mesmas remetem a resolver situações-problema utilizando os conhecimentos produzidos pela humanidade, ou seja, as competências "utilizam, integram ou mobilizam tais conhecimentos" (p. 1, citando Perrenoud, 1999, p. 7-8). As habilidades, nesse contexto, são aperfeiçoadas e articuladas através das ações e operações, possibilitando uma nova organização das competências, segundo o documento.

No documento, encontramos, também, os procedimentos metodológicos adotados, o sistema de avaliação e os serviços de apoio que fornecem suporte às ações desenvolvidas na escola.

6.1 MARCOS IMPORTANTES DA ESCOLA E SEUS RESULTADOS EM AVALIAÇÕES EXTERNAS

A escola escolhida para essa pesquisa tem como ano de sua fundação o ano de 1979 e, em 1980, adquire autorização para funcionamento do pré-escolar, bem como 1ª e 2ª séries do antigo 1º grau, no bairro da Torre. No ano seguinte, adquire outro imóvel na mesma rua, onde passa a funcionar o Maternal. Nos anos subsequentes, amplia a atuação no 1º grau e, em 1986, adquire reconhecimento definitivo pela Secretaria de Educação de Pernambuco, mudando-se para a sede definitiva dos dias atuais em 1987, também no bairro da Torre, porém em outra rua.

Em 1994, temos um marco importante para essa pesquisa, pois é nesse ano que se consegue autorização para implantação do 2º grau (atual Ensino Médio), iniciando no ano seguinte e tendo a conclusão de sua primeira turma em 1997. Nesse mesmo ano, inicia-se o planejamento pedagógico tendo em vista a implantação da Lei nº 9394/96 (nova LDBEN). Nos anos de 1998 e 2003, a escola tem 3 alunos nas primeiras colocações de avaliações externas no Estado, como os vestibulares da UFPE e UPE, o que já demonstra a propensão da escola para resultados de excelência nesse tipo de avaliações.

Em 2006, inicia-se uma notória sucessão de êxitos da escola no Exame Nacional do Ensino Médio, tendo a instituição, nesse ano, conquistado o 1º lugar geral entre as escolas particulares de Pernambuco e o 7º lugar do país no ranking das melhores escolas nas capitais do Brasil, em publicação da Revista Veja desse ano. Ao final de 2006, a escola é, então, agraciada pelo Sindicato das Instituições Particulares de Ensino Superior do Estado de Pernambuco com o prêmio Expressão em Educação 2006, pelos resultados nas avaliações externas.

Em 2007, a escola figura entre as 20 melhores do país, sendo 17 particulares e 3 públicas, ocupando o 6º lugar entre as escolas particulares das capitais do Brasil e o 1º lugar do Recife pelo segundo ano consecutivo.

Nos anos seguintes, até 2014, a escola continua a se destacar com as primeiras colocações gerais no exame no Recife, totalizando 9 vezes em que a mesma figura na 1ª colocação no município do Recife e Estado de Pernambuco, colocando-a como referência quanto a resultados no ENEM.

6.2 PRESSUPOSTOS TEÓRICOS DA ESCOLA

Os pressupostos teóricos que fundamentam as práticas na escola são abordados, didaticamente, em aspectos filosóficos, aspectos sociológicos e aspectos psicopedagógicos. Nos aspectos filosóficos, há o entendimento da relação do homem com a natureza, entendendo que o homem "deve interagir com esta de forma harmônica, visando à preservação ambiental, ao equilíbrio ecológico e ao desenvolvimento sustentável das atuais e futuras gerações" (p.5). No que concerne à relação do homem com o transcendental, a escola se define "como instituição de ensino não-confessional, laica e pluralista" (p.5), entendendo que a opção religiosa deve acontecer na esfera familiar, respeitando os credos dos integrantes de várias comunidades. No entanto, ao observar que a quase totalidade da comunidade da escola é composta por cristãos, "as datas comemorativas do calendário cristão são destacadas e vivenciadas de uma forma opcional e espontânea" (p.6).

Ao abordar a relação do homem com o conhecimento, o documento expressa a ideia de que a origem deste conhecimento não está no sujeito ou no objeto, mas na interação entre estes em um ambiente sociocultural. A aquisição do conhecimento se dá, para a escola, "de forma ativa pelo sujeito, e de um modo dialético, onde há uma contínua interação entre o desejo de ter um banco de conhecimentos e a necessidade de adquirir mais informações, provocando e evocando organizações mais sofisticadas." (id.).

Ao tratar dos aspectos sociológicos, a escola define como de grande relevância para o exercício pleno da cidadania "discutir os fatos históricos, tomar consciência das distorções existentes, encontrar alternativas e encaminhamentos para os problemas" (id.). Essa construção deve, então, acontecer através da interação, convivendo democraticamente pais, alunos, professores e funcionários.

Os aspectos psicopedagógicos enfatizam a relação direta com o educando ao tratar do mesmo em seu desenvolvimento e nas suas aquisições, percebendo o currículo como diversificado para atender as tendências e identificações desse educando. A postura do professor deve levar em conta esse desenvolvimento do aluno para eleger "situações e metodologias facilitadoras para o crescimento, e avaliando os procedimentos e as aprendizagens" (p.7). Nota-se, na continuação do tópico, uma forte tendência para as teorias ligadas a atitude de "aprender a aprender", tendo também os componentes curriculares a organização em função das áreas de conhecimento elencadas, por exemplo, na Matriz de Referência do Exame Nacional do Ensino Médio e à luz dos Referenciais Curriculares Nacionais de Educação.

6.3 PRÁTICAS PEDAGÓGICAS DO ENSINO MÉDIO

Na fundamentação das práticas do Ensino Médio, o documento deixa claro a sua posição de seguir os documentos e legislações oficiais, notadamente a Lei nº 9394/96; o parecer CNE/CEB nº 15/98, que se desdobra na estética da sensibilidade, na política da igualdade e na ética da identidade no tópico 3; e a busca por ancorar as práticas cotidianas em um currículo voltado para as competências, a interdisciplinaridade, a contextualização e a formação geral e preparação básica para o trabalho, elementos contidos no tópico 4 do referido parecer.

Ao abordar o art. 10 da Res. CNE/CEB nº 3/98, a escola evidencia a base para a construção de sua matriz curricular ao estabelecer, segundo a Proposta Pedagógica da escola, "que a base nacional comum dos currículos do ensino médio será organizada em áreas de conhecimento, estabelecendo para cada uma as respectivas competências e habilidades" (p.22). A matriz curricular do Ensino Médio da escola é discriminada no documento a partir das três áreas, a saber: (1) Linguagens, códigos e suas tecnologias; (2) Ciências da Natureza, Matemática e suas tecnologias e (3) Ciências Humanas e suas tecnologias, tal qual está posto na Matriz de Referência do ENEM, tendo a Educação Física a inserção na área de Linguagens, códigos e suas tecnologias.

Os planos de ensino "a serem elaborados e revisitados em cada ano letivo por todos os professores terão como referência as competências e habilidades constantes no art. 10 da Res. CNE/CEB nº 3/98" (p.24). As práticas pedagógicas deverão, segundo o documento, considerar os Parâmetros Curriculares Nacionais para o Ensino Médio, tendo estabelecidas as competências e habilidades definidas por componente curricular da Base Nacional Comum. Trata-se de mais um elemento para entendermos como a escola caminha na perspectiva das competências e habilidades elencadas nos documentos oficiais publicados pelo MEC, bem como estão estabelecidas também no bojo do Exame Nacional do Ensino Médio, o que pode explicar, em parte, o êxito nessa avaliação externa por essa escola.

O perfil do gestor escolar é outro elemento a ser considerado, pois o mesmo tem sua formação, em pós-graduação stricto sensu, direcionada à temática da avaliação, e isso fica evidente durante a entrevista com o mesmo.

Seus estudos voltados à avaliação, bem como seu tempo de docência em uma IFES, conferem ao mesmo uma situação privilegiada para tratar do tema na rotina escolar, seja no âmbito administrativo, seja na esfera pedagógica.

O professor de Educação Física do Ensino Médio, pesquisador e pesquisado, por se tratar do docente que rege as aulas em todo o segmento, direcionou seus estudos para a prática pedagógica no Ensino Médio, tendo apresentado trabalhos em congressos regionais, nacionais e internacionais nessa temática, bem como pesquisou sobre a relação entre a Educação Física e o ENEM na pós-graduação lato sensu, também com trabalhos apresentados nesse campo, continuando a pesquisar agora no stricto sensu, denotando possuir arcabouço teórico que oferece suporte não somente no âmbito acadêmico, mas também em suas práticas no chão da escola.

6.4 PRINCÍPIOS PARA A EDUCAÇÃO FÍSICA

Os documentos "Proposta Pedagógica" e "Regimento Interno", quando se trata da Educação Física como componente curricular, não possuem algumas informações mais atuais quanto à dinâmica da disciplina. Tal fato deve-se ao ano de publicação de tais documentos (2010) e que até 2015 muitas mudanças no entendimento da disciplina aconteceram. Tal problema deverá ser solucionado em breve, pois se encontra em processo inicial uma discussão dentro da escola acerca da Base Nacional Curricular Comum (BNCC) e, dentro dessas discussões, a Educação Física se insere e há a perspectiva de mudança nos documentos da escola. Para esta pesquisa, levamos em consideração, para caracterizar a Educação Física, o planejamento da disciplina.

Conforme anunciado anteriormente, os planos de ensino seguem a lógica de competências e habilidades, conforme a Base Nacional Comum, por componente curricular. Nesse contexto, aparecem como competências específicas da disciplina, no Ensino Médio, no Plano de Ensino:

> Desenvolver a postura crítica perante as atividades da cultura corporal; Desenvolver a autonomia de conhecimentos/habilidades necessárias a uma prática intencional e permanente, que considere o lúdico no sentido do prazer, da auto-realização e da qualidade de vida; Enriquecer a vida de movimento com possibilidades de movimentos construídos histórica e culturalmente pela humanidade; Oportunizar a vivência da expressão corporal como linguagem. (p.1).

Entende-se a Cultura Corporal aqui como o conhecimento construído histórica e culturalmente pela humanidade no contexto das práticas corporais materializadas na ginástica, na dança, na luta, no esporte e no jogo na perspectiva crítico-superadora publicada por um denominado Coletivo de Autores na obra intitulada "Metodologia do Ensino de Educação Física".

Para o Coletivo de Autores (2012),

> É fundamental para essa perspectiva da prática pedagógica da Educação Física o desenvolvimento da noção de historicidade da cultura corporal. É preciso que o aluno entenda que o homem não nasceu pulando, saltando, arremessando, balançando, jogando, etc. Todas essas atividades corporais foram construídas em determinadas épocas históricas, como respostas a determinados estímulos, desafios ou necessidades humanas. Contemporaneamente se pode afirmar que a dimensão corpórea do homem se materializa nas três atividades produtivas da história da humanidade: linguagem, trabalho e poder. (p.40)

Os autores afirmam que é linguagem quando situações de movimentos humanos denotam em comunicação, como, por exemplo, quando os surdos utilizam as mãos para se comunicar pela linguagem gestual; é trabalho quando desenvolve diferentes movimentos, transformando-os em produção simbólica: um jogo, por exemplo; e é poder "quando expressa uma disputa ou desenvolve a força física para a dominação, por exemplo, numa luta corpo a corpo" (id.).

Ao definir os conhecimentos que são discutidos/tratados ao longo dos Módulos (unidades de ensino), temos nas séries do Ensino Médio sempre a seguinte sequência:

Quadro 10: Temas da Cultura Corporal por unidade de ensino

1º semestre	2º semestre
I Módulo – Ginástica	I Módulo – Jogo
II Módulo – Esporte	II Módulo – Dança e Lutas

A fim de tratar desses temas em consonância com os documentos oficiais, notadamente a Matriz de Referência do ENEM, ao lado de cada quadro de unidade de ensino, encontra-se a descrição da competência da área e as habilidades relacionadas a essa competência na Matriz do ENEM, a saber, as habilidades H9 (reconhecer as manifestações corporais de movimento como originárias de necessidades cotidianas de um grupo social.), H10 (reconhecer a necessidade de transformação de hábitos corporais em função das necessidades sinestésicas) e H11 (reconhecer a linguagem corporal como meio de interação social, considerando os limites de desempenho e as alternativas de adaptação para diferentes indivíduos.). A área 3 (área específica das práticas corporais), com sua competência e as habilidades H9, H10 e H11, está contemplada na área de conhecimento de Linguagens, Códigos e suas Tecnologias, que além da Educação Física tem a Língua Portuguesa, a Literatura Brasileira, e as Artes como componentes da mesma no ENEM.

A seleção dos conteúdos não segue rigorosamente o que está posto na Matriz de Referência do ENEM, no anexo intitulado "Objetos de conhecimento associados às matrizes de referência", ficando o professor com uma maior liberdade na construção destes. Essa maior liberdade ocorre pelo fato de que o componente possui, na dinâmica escolar, uma igual liberdade por não estar atrelado a um material didático que defina uma sequência para cada série, como ocorre nas outras disciplinas, e por conta de a sua inserção no ENEM ainda ser muito recente. Mas obviamente há uma orientação por parte da equipe pedagógica para que não haja um distanciamento da proposta do ENEM e dos documentos oficiais.

7

EDUCAÇÃO FÍSICA NO ENEM: UM OLHAR SOBRE AS EXPERIÊNCIAS DA ESCOLA

Com a finalidade de contemplar as experiências da prática pedagógica nessa escola delimitamos três frentes de estudo: os questionários aplicados com os estudantes; as entrevistas com a gestão escolar e a mediação pedagógica; e a observação das aulas de uma unidade didática.

Os questionários, as entrevistas e as observações foram descritas no texto utilizando elementos como gráficos e\ou quadros para melhor visualização dos dados, seguido sempre de uma análise descritiva. Os gráficos não foram construídos para uma análise quantitativa por si só, mas para revelar o perfil dos estudantes a partir de suas respostas objetivas. Quando essas respostas se traduziam em versões escritas, sem a objetividade de uma questão fechada, os quadros analíticos foram utilizados para melhor compreensão dos dados coletados.

7.1 EDUCAÇÃO FÍSICA E ENEM NA VISÃO DOS ESTUDANTES

A fim de caracterizar essa escola, não podíamos excluir os estudantes e suas percepções sobre as relações/aproximações entre o ENEM e a prática pedagógica da Educação Física. Fizemos essa escolha pela convicção de que os estudantes têm muito a falar sobre o assunto e de que compreender o contexto passa por perceber como esses indivíduos têm pensado sobre tais temáticas. Os questionários foram aplicados a partir do instrumento elaborado com questões abertas e fechadas (APÊNDICE A) e aplicado com os estudantes do 1º ano, 2º ano e 3º ano do Ensino Médio nas turmas escolhidas aleatoriamente. Vejamos o gráfico a seguir:

Gráfico 01: Total de estudantes por turma do Ensino Médio

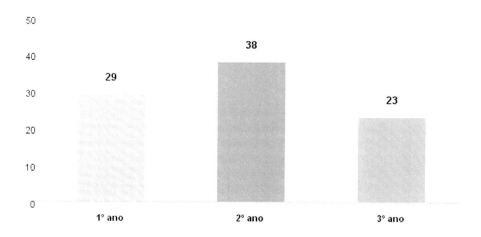

Q1: Qual a sua série?

Tínhamos, na turma do 1º ano pesquisada, um total de 32 estudantes regularmente matriculados no momento da pesquisa, dos quais 29 responderam aos questionários, portanto, ocasionando uma perda de 03 respondentes. Na turma do 2º ano tínhamos, 42 estudantes regularmente matriculados, dos quais 38 estudantes responderam aos questionários. Tivemos, portanto, a perda de 04 respondentes, dos quais 03 estudantes estavam em intercâmbio fora do país. Na turma do 3º ano, tínhamos 28 estudantes regularmente matriculados, dos quais 23 responderam correspondendo, portanto, à perda de 05 respondentes.

O número de alunos, em cada turma, difere por conta do espaço físico das salas. A sala do 2º ano é a maior do Ensino Médio, comportando o maior número de estudantes, enquanto as salas do 1º e 3º ano são menores nessas turmas pesquisadas, por isso o número menor de estudantes.

Tivemos, então, 90 questionários respondidos dentre 102 estudantes. A perda maior ocorreu no 3º ano, pois os mesmos se encontravam em uma viagem comemorativa de encerramento do Ensino Médio no período da coleta, e o contato com, bem como o difícil acesso à internet prejudicou a devolução dos questionários.

É importante destacar que as turmas de 3º ano, nessa escola, não possuem a aula de Educação Física regular no currículo, mas, por entendermos se tratar do ano de aplicação de provas do ENEM, e porque esses estudantes vivenciaram as aulas durante as duas séries anteriores, optamos por incluí-los na pesquisa, dada a importância das vozes dos mesmos sobre a Educação Física no Ensino Médio como um todo.

Assim, pudemos também perceber como estudantes do 1º ano respondiam sobre determinada questão, como essas respostas aconteciam com estudantes do 2º ano (que, portanto, tinham um pouco mais de caminhada no Ensino Médio) e como os concluintes enxergavam essas determinadas questões depois de já terem vivenciado todo o processo nesse segmento de ensino. Em determinados momentos, ficaram evidentes as diferenças de percepção e, por vezes, até o choque de ideias entre os que estavam iniciando esta etapa e os que estavam concluindo a mesma. Essa percepção do todo foi importante para pensarmos a caminhada no Ensino Médio quanto à EF a partir das relações estabelecidas pelos estudantes.

Ressaltamos que se fez necessária a caracterização dos estudantes por gênero no total do Ensino Médio e por cada turma estudada em particular para compreensão da realidade, como mostra o gráfico a seguir:

Gráfico 02: Total de estudantes por gênero

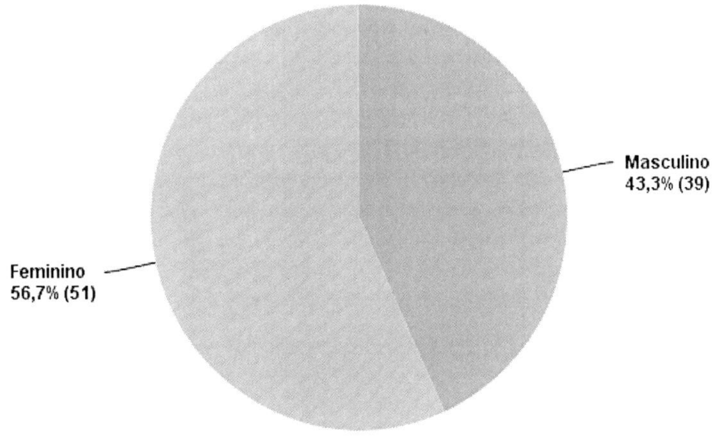

Masculino
43,3% (39)

Feminino
56,7% (51)

Q2: Qual o seu gênero?

Gráfico 03: Distribuição dos estudantes por gênero em cada série

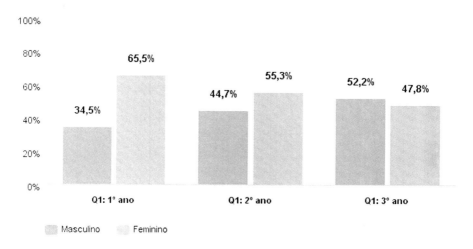

Q2: Qual o seu gênero?

Não há, na escola, um critério para formação das turmas, para além da origem desses estudantes quando chegam ao Ensino Médio. Normalmente, a mediação pedagógica dialoga com a mediação do Ensino Fundamental para manter uma coerência com as turmas já formadas desde o segmento anterior, e os estudantes advindos de outras instituições são incluídos de acordo com sua origem a fim de facilitar o acolhimento destes. O mesmo princípio, então, aplica-se ao gênero.

Os gráficos 02 e 03, então, são apenas ilustrativos para caracterização do grupo pesquisado. Tanto no 1º ano como no 2º ano, fica evidente a maior quantidade de meninas, porém no 3º ano há uma pequena margem maior de meninos. Em algumas situações que descreveremos mais à frente, veremos alguns dados curiosos relativos às respostas que se diferenciam quanto ao gênero. Feita essa caracterização inicial, vamos às respostas mais ligadas ao objeto da pesquisa.

Lembramos que, primeiramente, analisamos os dados de forma quantitativa para elucidar as questões, mas, em seguida, utilizamos do quadro empírico, contendo as categorias empíricas, as unidades de contexto e as unidades de registro para elucidar qualitativamente os dados coletados através dos questionários. Comecemos, então, com a importância dada pelos alunos à inclusão da Educação Física no ENEM.

Gráfico 04: Importância da Educação Física no ENEM – Total do Ensino Médio

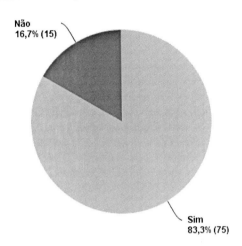

Q6: Você considera importante a Educação Física estar presente no ENEM?

O que os estudantes evidenciam é que consideram, em mais de 80% das respostas, importante a Educação Física estar presente, como componente curricular, na Matriz de Referência do ENEM. Mais adiante, analisamos as falas qualitativamente para compreender porque/como esse número ampliado de indivíduos considera válida a presença da Educação Física no exame.

Os estudantes, ao longo dos anos, vão ampliando essa compreensão de importância, como demonstra claramente o gráfico 05 a seguir. No primeiro ano, há o maior quantitativo de estudantes que não consideram essa importância e, dentre eles, havia os que não conseguiam ainda estabelecer a relação entre o que vivenciavam nas aulas e o ENEM. Isso é compreensível, pois o ENEM é uma avaliação concebida para o final do segmento do Ensino Médio, portanto, há uma tendência a se conhecer essa avaliação somente quando iniciam essa etapa, ou seja, ainda estão se familiarizando com a perspectiva do ENEM.

É intrigante que, justamente no ano de conclusão do Ensino Médio, momento em que os estudantes não possuem mais a aula regular de Educação Física, temos mais de 95% estudantes valorizando a Educação Física no ENEM. É o maior percentual entre todas as séries, mesmo sem haver uma relação pedagógica mais direta entre o professor da disciplina e os estudantes. Esse dado nos remete à reflexão sobre a necessidade desta disciplina nessa série de ensino, seja por questões ligadas à preparação para as avaliações externas, seja por outros fatores que veremos mais detalhadamente à frente.

Aquilo para que chamamos a atenção neste primeiro momento é que, em um ano de extensiva e cansativa preparação para os exames de acesso ao ensino superior, parece que, aos olhos dos estudantes, disciplinas que historicamente não são tão reconhecidas na realidade escolar brasileira, como a EF, possuem uma dada relevância para sua escolarização.

Gráfico 05: Importância da Educação Física no ENEM – Total por série

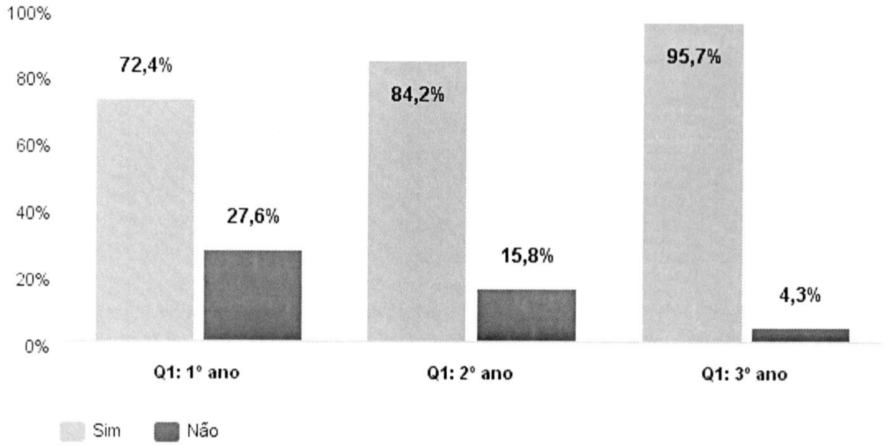

Q6: Você considera importante a Educação Física estar presente no ENEM?

Gráfico 06: Importância da Educação Física no ENEM – relação Série x Gênero

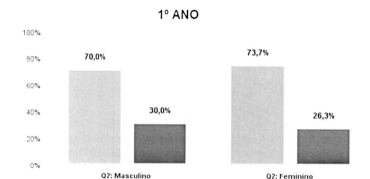

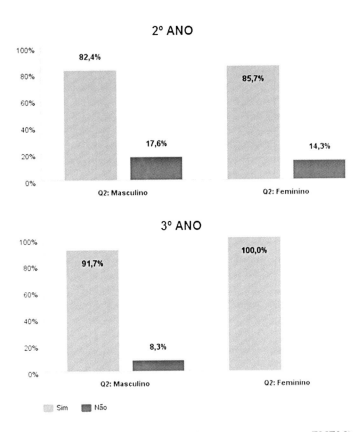

Q6: Você considera importante a Educação Física estar presente no ENEM?

Outro dado curioso diz respeito à relação entre a série e o gênero ao responder sobre a mesma pergunta, segundo o gráfico 06. As meninas têm uma tendência a valorizar mais a presença da Educação Física no ENEM, quantitativamente falando, chegando a 100% no 3º ano, período em que estarão sujeitos oficialmente ao exame.

E qual a possível consequência de se valorizar tanto a inserção de um componente curricular em uma avaliação como o ENEM? Como já mencionado na introdução deste texto, a avaliação externa pode servir de mecanismo de controle sobre os currículos. Demo (2012), por exemplo, chama a atenção para a necessidade de contra-argumentação quanto aos instrumentos de uma avaliação vinda de uma autoridade externa também por essa preocupação. Cazetto et al. (2009), falando especificamente sobre a Educação Física, alertam sobre a necessidade de haver conteúdos passíveis de democratização a toda comunidade escolar. Nesse contexto, percebemos como os estudantes respondem à necessidade de modificação da prática pedagógica por causa do ENEM, como descrito no gráfico 07 a seguir.

Gráfico 07: Influência da avaliação externa na prática pedagógica

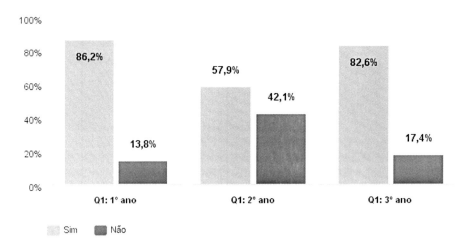

Q7: O fato da Educação Física estar presente no ENEM deve modificar a forma como a mesma é tratada na escola?

Considerando o Ensino Médio como um todo, mais de 73% dos estudantes consideram a necessidade de modificar práticas pedagógicas por conta do ENEM. Analisando o gráfico 07, percebemos que há uma disparidade nas turmas do 1º ano e do 3º ano, porém um maior equilíbrio na turma do 2º ano. Uma possível explicação para esse fato pode ser encontrada nas observações das aulas. Todo o tempo, nas aulas do 2º ano, o professor fazia a relação entre o conteúdo tratado e a prática.

Como tem havido mais aulas práticas esse ano, o professor tem deixado claro a cada debate que a relação entre a prática e o conteúdo tratado são imprescindíveis para a compreensão da realidade sem necessariamente alterar ou excluir os momentos de atividades práticas. Em anos anteriores, a atual turma do 3º ano vivenciou uma quantidade menor de aulas práticas por conta das mais diversas questões na escola, e isso pode ter afetado a percepção dos estudantes quanto à necessidade de se alterar a prática.

No primeiro ano, precisamos compreender a ainda precária informação quanto às provas do ENEM e quanto ao processo da Educação Física no Ensino Médio de modo mais global. Ainda assim, consideramos, nas três turmas, o índice alto de estudantes que entendem o ENEM como um mecanismo de controle sobre o currículo.

Dando prosseguimento, vemos como se evidencia a relação entre os conteúdos vivenciados nas aulas de Educação Física e o ENEM. Esse ponto de discussão, tratado nos gráficos 08 e 09, nos remete a como a prática pedagógica vivenciada anuncia conteúdos vistos/presentes nas provas.

Gráfico 08: ENEM e os conteúdos tratados na realidade escolar

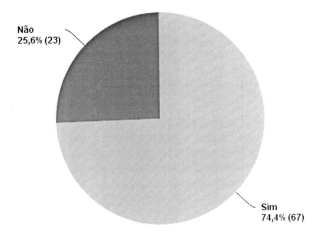

Q8: Você identifica um anúncio/relação entre o ENEM e os conteúdos tratados nas aulas de Educação Física no Ensino Médio da sua escola?

No que diz respeito ao Ensino Médio como um todo, 67 estudantes enxergam relação entre as aulas e o ENEM, enquanto 23 estudantes não veem essa relação. Ou seja, a maioria dos estudantes consegue perceber entre o que está sendo tratado em aulas uma relação com o que é/será cobrado nas provas. É preciso compreender, então, por que em torno de 25% dos estudantes não veem nas aulas essa relação. É preciso se perguntar se a falha está na comunicação, na percepção dos estudantes sobre o que é cobrado no ENEM ou nas formas didáticas que estão sendo trabalhadas.

Mais uma vez, presenciamos um quadro crescente em relação às séries, como demonstrado no gráfico 09. Ainda há um número relativamente grande de estudantes que não conseguem perceber o anuncio/relação entre o que foi tratado nas aulas e o que é/pode ser cobrado no exame. À medida que se avança nas séries, essa percepção vai se modificando, chegando novamente a 100% entre as estudantes do 3º ano que veem, sim, a conexão entre as aulas e o ENEM, em contraponto aos estudantes que estão entrando no Ensino Médio, no caso, a turma do 1º ano.

Gráfico 09: ENEM e os conteúdos tratados na realidade escolar

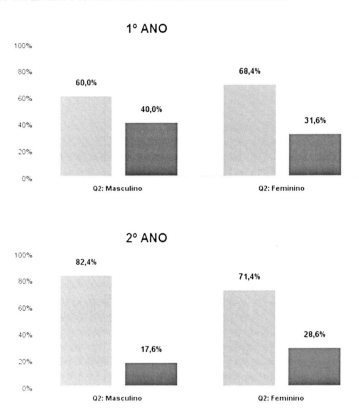

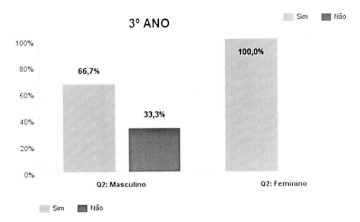

Q8: Você identifica um anúncio/relação entre o ENEM e os conteúdos tratados nas aulas de Educação Física no Ensino Médio da sua escola?

Fensterseifer et al. (2013) consideram que é responsabilidade da escola possibilitar o acesso a conhecimentos específicos. Isso se dá, dentre outros fatores, na esfera dos objetivos de ensino:

> Quando pensamos processos de avaliação, o primeiro elemento que devemos considerar diz respeito aos objetivos de ensino que temos e a aprendizagem alcançada pelos alunos, logo, as provas devem auferir essa relação na especificidade dos componentes curriculares. (p. 364)

Portanto, o que é cobrado no ENEM precisa estar em evidência no chão da escola, e isso se traduz nos objetivos de ensino delineados e no que os estudantes aprendem. Quando anunciamos essa necessidade, não concordamos com a ideia de que o exame regule o que deve ser ensinado, mas sim o contrário, que a avaliação externa leve em consideração a realidade escolar brasileira e, assim sendo, trate em suas questões o que é/deve ser objeto de conhecimento nas escolas. Portanto, a fala dos estudantes, reconhecendo, em sua maioria, a relação entre os conteúdos trabalhados em aulas e os que se estabelecem na avaliação externa demonstra certa clareza nos objetivos de ensino demarcados para essa fase da escolarização.

Feita essa inicial caracterização do grupo estudado, de forma quantitativa, partimos para a análise de conteúdo das respostas fornecidas pelos estudantes. As perguntas a seguir não consideram apenas uma resposta objetiva, mas possibilitaram aos estudantes que dissertassem livremente sobre o que pensavam acerca do que estava sendo solicitado deles.

Com a finalidade de organizar a análise dos dados coletados a partir dos questionários, desta feita, em relação às perguntas abertas, construímos quadros contendo as categorias empíricas, as unidades de contexto e as unidades de registro que emergiram das respostas dos estudantes. Duas categorias foram elencadas: Educação Física e ENEM, e, como o objeto de estudo tem a ver, fundamentalmente, com essas duas categorias, houve repetição delas, que também foram elencadas como analíticas.

As duas primeiras perguntas abertas do questionário diziam respeito à categoria Educação Física e foram as seguintes: *Qual o seu entendimento sobre a importância das aulas de Educação Física no Ensino Médio? e Quais conteúdos você considera que devem ser tratados nas aulas de Educação Física?*. As repostas dos estudantes foram organizadas no quadro a seguir:

Quadro 11: Quadro empírico acerca da categoria "Educação Física" nos questionários

Categoria Empírica	Unidade de Contexto	Unidade de Registro
Educação Física	Importância no Ensino Médio	Estímulo ao Exercício Físico
		Discussão sobre Esportes e outros temas da Cultura Corporal
		Discussão sobre saúde e qualidade de vida
		Momento de ludicidade e relaxamento
		Espaço de aprendizagem de conhecimentos para a vida
		Espaço de interação e cooperação entre os estudantes
		Espaço de aprendizagem de conhecimentos sobre o corpo.
		Outros
	Conteúdos a serem tratados	Esportes
		Outros temas da Cultura Corporal
		Benefícios e Fisiologia do Exercício Físico
		Temas transversais
		Saúde
		Conhecimentos sobre o corpo
		Outros

Verificamos uma prevalência da ideia, entre os estudantes, de que a Educação Física tem como foco o exercício físico, pois a maioria das respostas explicitava que a importância da disciplina no Ensino Médio tinha a ver com o fato de que é nessa área que se estimula essa vertente, ora nomeada como exercício físico, ora como atividade física.

> A aula de Educação Física ao meu ponto de vista é extremamente necessária, tendo em vista que muitas vezes é o único momento que o aluno tem uma vivência prática. Algo que sem as aulas o aluno não teria nenhum momento de exercitar-se, agravando ainda mais o sedentarismo. (E09 – 2º ano)

> A matéria de Educação Física tem, a meu ver, uma significativa importância na vida do estudante, isso porque é nessa matéria que nós compreendemos não só os benefícios, mas também a importância da atividade física na vida cotidiana. (E15 – 2º ano)

Entendemos que o estímulo a uma vida ativa pode e deve ser abordado nas aulas de Educação Física, porém, o que transparece das falas, e há outras mais que permitem essa análise, é que se entende o espaço da aula como o momento em que se combate o sedentarismo e como o único momento no qual o exercício físico acontece. Em uma hora/aula, com 50 minutos, momento em que se perde tempo com organização, ida para a quadra, troca de roupa e volta para a sala de aula, ou seja, quando temos menos de 50 minutos semanais, não teremos ganhos significativos em termos fisiológicos ou de combate ao sedentarismo apenas pela prática em si. Entendemos que o debate, a reflexão sobre a ausência/o baixo nível de atividade física entre os adolescentes deve acontecer nas aulas de Educação Física também, mas não que seja o identificador de importância da disciplina pela prática que combate o sedentarismo. Mas, ao que parece, os estudantes se identificam com o esforço e/ou com o bem-estar a partir das aulas de EF.

> No Ensino Médio, caracterizam-se dois grupos de alunos: os que vão identificar-se com o esforço metódico e intenso da prática esportiva formal, e os que vão perceber na Educação Física sentidos vinculados ao lazer e bem-estar. (BETTI e ZULIANI, 2002, p. 76).

É preciso legitimar a disciplina a partir da prática, sim, pois a disciplina trata da Cultura Corporal nas suas mais variadas manifestações, porém o conhecimento, o conteúdo a ser tratado e que envolve as práticas corporais, precisa não se limitar em si mesmo, mas conectar-se com a realidade e com o conhecimento socialmente construídos. Contudo, outros temas, como qualidade de vida e saúde apareceram na mesma perspectiva ou, então, entendendo o espaço de aula como atividade e até mesmo como um utilitarismo.

> Acredito que as aulas de Educação Física são essenciais no contexto acadêmico. Tanto as aulas práticas quanto teóricas são de suma importância para os alunos; na minha opinião, a aula prática é ainda mais importante, uma vez que os alunos passam muito tempo sentados e acabam tornando alguns

> músculos subutilizados, o que trará sérios problemas de saúde futuramente, sem falar que a prática de exercícios físicos melhora a performance em sala de aula. (E12 – 3º ano)

Assim, por mais que sejam dados que possam dar suporte à disciplina na escola, o lugar dela parece ainda estar em um patamar de subjugação às demais disciplinas do currículo. É o espaço onde o estudante se movimenta, porque passa o restante do turno sentado; em que se trabalha a musculatura subutilizada pela extensa carga de trabalho cognitivo; em que se evidenciam práticas corporais com o fim de melhorar o desempenho em outras disciplinas, não porque há um corpo de conhecimentos próprios e que necessitam ser transmitidos às gerações.

Por outro lado, percebemos avanços nas falas dos estudantes, especialmente quando remetem a experiências anteriores:

> A minha visão mudou totalmente. Estava acostumado a sempre pensar "Educação Física, futebol, etc.", mas, ao chegar no 1º ano, com o professor G., comecei a ter aulas teóricas e atividades que aumentavam meu conhecimento. Sendo assim, acho que é de extrema importância as aulas de Educação Física. (E20 – 1º ano)

> Eu considerava elas pouco importantes, no entanto agora sinto que nós trabalhamos aspectos que vão além do domínio de habilidades com modalidades esportivas. (E23 – 1º ano)

> Meu entendimento sobre Educação Física mudou muito, antes via Educação Física como uma matéria somente para você ficar batendo bola, mas eu cresci com a ajuda de G. que mostrou que a Educação Física está em tudo que fazemos, na nossa respiração e até no nosso lazer. (E22 – 3º ano)

Duas ideias opostas transparecem nas falas: uma perspectiva de *esportivização*, de trato exclusivo do tema Esporte em aulas de Educação Física, por vezes, traduzido até no *bater bola*, e a perspectiva do conhecimento social e historicamente produzido pela humanidade, e é esse conhecimento que imputa validade à disciplina no currículo para uma parcela desses estudantes, seja no contexto acadêmico, seja no contexto do cotidiano.

A evidência de que esse conhecimento é o que dá base para a importância da disciplina na escola, notadamente no Ensino Médio, é que os estudantes vislumbram outros temas da Cultura Corporal como práticas que conferem essa validade, emergindo como a segunda unidade de registro que mais aparece nas falas:

> Acredito que as aulas de Educação Física sejam importantes para a construção do conhecimento da Cultura Corporal. (E06 – 2º ano)

> As aulas são importantes, pois antes de tudo quebram-se paradigmas sobre a matéria Educação Física, a vivência do movimento é sim importante, todavia, o aprendizado dentro de sala sobre o que são as práticas esportivas, diferença entre as modalidades artísticas e as diferentes manifestações da ginástica, por exemplo, não podem ser deixadas de lado. E são temas que serão recorrentes para a vida das pessoas. (E07 – 2º ano)

A recorrência dos conhecimentos para a vida também foi mencionada em um número razoável de respostas, fazendo com que se perceba um rompimento na lógica do conhecimento se encerrando em si mesmo ou apenas para constar no currículo escolar. Ideias como interação e cooperação, inclusão social, formação para a ludicidade e espaço de conhecimentos sobre o corpo também figuraram entre as falas dos estudantes, sempre tendo em mente a perspectiva de conferir importância no currículo.

Por outro lado, quando perguntados sobre quais conteúdos devem ser tratados neste componente no Ensino Médio, um fato salta aos olhos: o esporte ainda tem predominância no imaginário dos discentes.

> Acredito que as questões práticas são mais importantes, na quadra, jogando algum esporte. (E18 – 1º ano)

> Prática de esportes mais comuns do nosso cotidiano, e apresentar a ideia de outros pouco conhecidos. (E13 – 2º ano)

> Deve ser estudado sobre os esportes, a competição, a cooperação, ganhar e o perder, as regras básicas dos esportes, alguns aperfeiçoamentos sobre o que se sabe das modalidades. (E27 – 2º ano)

> Prática de esportes mais comuns do nosso cotidiano, e apresentar a ideia de outros pouco conhecidos. (E13 – 2º ano)

> Esportes como um todo, individuais como atletismo, musculação, e esportes coletivos (futebol, vôlei...). (E04 – 3º ano)

Essa situação pode advir da prática hegemônica do esporte como conteúdo da Educação Física, bem como da influência do fenômeno esporte nas diversas mídias. Por vezes, o estudante vivencia esse tema na fase anterior de escolarização (Ensino Fundamental) e termina por desejar a continuação disso no Ensino Médio. Betti e Zuliani (2002, p. 76) ressaltam que a EF no Ensino Médio deve atender às necessidades dos alunos, e não aprofundar ou apenas reproduzir os conteúdos trabalhados durante o Ensino Fundamental. Ou seja, necessidades aqui não representam desejos, mas aquilo que de fato é necessário para o estudante do Ensino Médio quanto às práticas corporais. Diante disso, Celante (2000) conclui que é

> [...] por meio da Educação Física que o aluno do Ensino Médio poderá compreender, questionar e criticar os valores que são atribuídos ao corpo e ao movimento corporal, para poder transformá-los. Em suma, cabe a Educação Física o papel de introduzir e integrar o aluno no universo da cultura corporal [...] (p. 86).

O fato é que se trata de um desafio para aqueles que fazem a Educação Física na escola em ressignificar as práticas em segmentos anteriores ao Ensino Médio, bem como nesse segmento de ensino, para que se estabeleçam nexos entre os mais diversos temas a serem abordados na disciplina.

Já encontramos algum avanço, inclusive pela segunda unidade de registro mais abordada nas falas, quando os estudantes mencionam outros temas da Cultura Corporal como conteúdos a serem tratados em aulas, como podemos observar a seguir:

> Dança, ginástica, jogos populares, esporte, luta, diferença entre gêneros (nas atividades físicas), olimpíadas. (E16 – 1º ano)

> Eu penso que a Educação Física é muito voltada aos esportes (futsal, vôlei, basquete...), deixando em segundo ou até terceiro plano lutas, dança. Sinto que a vivência de Educação Física deveria ser algo mais geral, abrangendo todos os tipos de exercícios físicos. (E09 – 2º ano)

> Relacionados ao entendimento do corpo e como da importância das atividades físicas para a saúde, além de manifestações culturais de danças e esportes a fim de que o aluno tenha um conhecimento básico e estruturado que possa levar para o resto da vida. (E18 – 3º ano)

Outro ponto bastante abordado nos questionários diz respeito ao que alguns documentos oficiais, notadamente os PCNs, vão nomear como temas transversais. Estes não são conteúdos em si, mas são temas que devem permear as discussões dentro dos conteúdos trabalhados por cada área, portanto, não são específicos da Educação Física, mas temas tratáveis em quaisquer componentes curriculares da escola. Nesse contexto, podemos trabalhar questões como o mito do corpo ideal, alimentação, qualidade de vida, estereótipos, drogas etc.

> Conteúdos como preconceito no esporte, estereótipo no esporte, doenças causadas pelo esporte (ninguém aguenta mais sedentarismo), o "corpo perfeito" criado pela sociedade, a relação com o esporte e as doenças que as pessoas ficam ao tentar chegar a esse modelo. Temas que promovam o debate são muito mais interessantes e construtivos que, por exemplo, definição de ginástica. (E13 – 1º ano)

> Relação e diferenças entre estética e saúde. (E02 – 2º ano)

> Primeiros socorros, medição cardíaca, coisas que possamos levar sempre e que ajude em situações de emergência. (E38 – 2º ano)

> Anatomia, nutrição, consciência corporal. (E23 – 3º ano)

Pelas falas, percebemos que os estudantes elencam temáticas que podem até ser tratadas em outras disciplinas, como primeiros socorros, medição cardíaca, corpo perfeito e doenças como sendo conteúdos específicos da Educação Física.

> Se a educação física é uma prática pedagógica, então ela é uma necessidade social concreta que sofre mudanças. Existe e deve existir uma relação entre os conteúdos da educação física (temas da cultura corporal: esporte, dança, luta, ginástica e jogos), e os grandes problemas sócio-políticos atuais (ecologia, preconceitos social e racial, distribuição do solo urbano e de renda e ética), contribuindo, assim, com a formação humana do aluno. (A. C. M. Miranda, L. M. Lara & I. P. B. Rinaldi, 2009, p. 626).

Essas temáticas podem e devem, então, ser tratadas em aulas da disciplina, porém não como conteúdos específicos, mas como temas que contribuem nas discussões sobre os conteúdos que porventura estejam sendo trabalhados. Para além da seleção de conteúdos, outras questões emergem quando pensamos em fomentar a EF no Ensino Médio. Menezes e Verenguer (2006) nos remetem a essas questões quando abordam os fatores que conferem a EF importância.

> A Educação Física Escolar depende de vários fatores, entre eles: legislação clara, direção responsável, instalações adequadas, professores comprometidos e competentes, pois é grande o desafio de torná-la, sobretudo para o Ensino Médio, um componente curricular atraente (p. 105).

Portanto, a mera obrigatoriedade não confere à EF uma atratividade que estabelece importância aos seus conhecimentos sendo tratados nas aulas. O Coletivo de Autores (2012) defende que a aula de Educação Física precisa ser compreendida como um espaço intencionalmente organizado para a aprendizagem do estudante, por meio de seus conhecimentos específicos e das diversas características que permeiam a realidade social.

Isso ficou evidenciado, por exemplo, quando, durante as aulas observadas, aconteceram discussões sobre relações de gênero no esporte, competitividade e ludicidade. Os conteúdos não eram esses, mas o Atletismo no 2º ano e o fenômeno Esporte no 1º ano. Mas essas temáticas contribuíram com os conhecimentos que estavam sendo tratados, de modo que permeavam as discussões/debates acerca do que se estava praticando e conhecendo.

Menezes e Verenguer (2006) corroboram com esse caminho quando salientam o valor de uma estrutura "[...] na qual a disciplina possui um planejamento, objetivos definidos nas três dimensões de conteúdo e estratégias adequadas." (p. 106).

Continuando a delimitação de quadros empíricos, ENEM foi uma segunda categoria que emergiu nas respostas e, assim sendo, os estudantes abordaram a percepção que possuem sobre o exame, a legitimação da Educação Física a partir da inserção da mesma nessa avaliação externa, a relação entre os conteúdos abordados nas aulas com as provas, e o imperativo ou não de modificação da prática pedagógica com vistas ao ENEM.

Adiante, no quadro 12, podemos perceber essa lógica de estruturação, bem como as unidades de registro presentes.

Quadro 12: Quadro empírico acerca da categoria "ENEM" nos questionários

Categoria Empírica	Unidade de Contexto	Unidade de Registro
ENEM	Percepção sobre o exame	Acesso ao ensino superior
		Avaliação da qualidade do Ensino Médio
		Avaliação da aprendizagem contextualizada
		Juízos de valor
		Prova que define o futuro
		Avaliação de competências e habilidades dos estudantes
		Avaliação conteudista
		Avaliação para o mercado de trabalho
	Legitimação da Educação Física	Conhecimentos importantes na Educação Física
		Disciplina como qualquer outra
		Importância para a vida
		Ausência de importância
		Valorização da disciplina
		Importância para carreiras futuras
	Relação com os conteúdos trabalhados	Conteúdos trabalhados tanto teoricamente como na prática
		Práticas que se relacionam com o cotidiano
		Aulas teóricas
		Desconhecimento sobre Educação Física no ENEM
		Análise de textos e debates
		Outros
	Modificação da prática pedagógica	Escolha de aulas para tratar do ENEM e/ou aulas teóricas
		Aumento do nº de aulas/ mais importância à EF na escola
		Teoria sem perder de vista a prática
		Imperativo do ENEM se adaptar aos conhecimentos necessários à vida, não o inverso.
		Estímulo aos debates / reflexões
		Outros

A maioria dos estudantes, 30% das respostas continham este dado, entende o ENEM como a porta de entrada ao Ensino Superior, mesmo entre aqueles que não concordam com a avaliação da forma como está posta. Isso advém, obviamente, da mudança estrutural pela qual passou o exame a partir de 2009, em discussão já abordada anteriormente, em que se amplia a aplicação dessa avaliação e a utiliza como mecanismo de acesso especialmente às universidades federais.

> O ENEM é uma prova que, dependendo do seu desempenho, te permite entrar em várias faculdades brasileiras e algumas em Portugal. Eu, particularmente não acredito que seu futuro deveria depender de uma prova, porém já que é assim acho muito importante que todas as matérias sejam incluídas. (E16 – 1º ano)

> Na minha opinião ENEM é uma prova bastante importante para testar nossos conhecimentos para ver se os alunos que acabaram o ensino médio estão preparados para começar uma nova etapa das suas vidas que é começar a faculdade. (E29 – 1º ano)

> Não defendo o ENEM, acho que não é a melhor maneira de classificar quem vai ter um ensino superior e quem não vai. (E10 – 2º ano)

Zaghi (2014) descreve em linhas gerais as funções que o ENEM passou a adotar, e dentre as quais destaca o acesso ao ensino superior:

> O ENEM tem, como princípios norteadores, as matrizes de referências, que fornecem subsídios para que o aluno tenha acesso à educação superior, bem como, a cursos profissionalizantes pós Ensino Médio, como mostram algumas características/objetivos da avaliação no contexto da educação básica brasileira. A primeira tem como intuito oferecer uma referência para que cada cidadão possa elaborar uma auto avaliação, com vistas para o seu futuro, mesmo seguindo para o mercado de trabalho ou para a continuação de seus estudos. A segunda tem em seu escopo que essa avaliação de larga escala sirva como modalidade alternativa ou complementar para a seleção ao mercado de trabalho, em seus diversos setores. A terceira e última diretriz tem como pano de fundo o acesso aos cursos superiores. (p.51)

Essa ampliação da essência do ENEM traz rebatimentos em seu bojo, bem como no entendimento que a sociedade tem dele. Entender essa avaliação apenas como uma prova para acesso ao Ensino Superior pode se configurar como um equívoco, mas é preciso também compreender o papel do Estado nessa configuração e nesse entendimento, pois a universalização do ENEM pode ter trazido como consequência uma descaracterização dos seus propósitos iniciais.

Por outro lado, outra característica muito marcante nas respostas dos estudantes diz respeito à contextualização. Há aqueles que consideram a forma de avaliação mais adequada aos tempos atuais, especialmente quando rompe com a lógica da memorização, do conhecimento com fim em si mesmo, considerando o conhecimento conectado com o cotidiano, com o contexto, mesmo ainda considerando a finalidade de acesso ao Ensino Superior.

> Na minha opinião ENEM é uma prova bastante importante para testar nossos conhecimentos para ver se os alunos que acabaram o ensino médio estão preparados para começar uma nova etapa das suas vidas que é começar a faculdade. (E29 – 1º ano)

> O ENEM pra mim é o que mais se aproxima de uma avaliação justa para o ingresso em uma universidade. Pois deixa de lado a parte de decorar as coisas, e analisa a constância dos acertos, o raciocínio lógico. Trazendo uma avaliação melhor do cognitivo da pessoa ao invés de analisar somente a memória. (E9 – 2º ano)

> O ENEM é uma prova extremamente contextualizada que leva os estudantes a refletirem sobre os conteúdos além da esfera escolar, buscando testar seus conhecimentos acerca do mundo atual e suas problemáticas. (E10 – 3º ano)

Destacamos outras características como a avaliação servindo como preparação para o mundo do trabalho, então, entendemos que também há relação com a formação universitária, bem como a citação dos conceitos de competências e habilidades tiveram frequência nas três séries do Ensino Médio, notadamente no 3º ano, em que parece que a preocupação com o que está por vir logo após encerrado o ciclo de educação básica é maior.

Um fato que chamou a atenção foi a quantidade elevada de juízos de valor ao se referir ao ENEM. Menções como "*é massa*"; "*é legal*"; "*uma prova de nível baixo*"; e "*muito raso*" demonstram que uma parcela dos estudantes não procuraram descrever a compreensão do papel do exame na formação deles, mas uma preocupação em demonstrar aceitação ou negação do mesmo. Houve quem analisasse até um possível viés ideológico das provas para negar sua aceitação, atestando que se houvesse a possibilidade de adentrar às universidades sem o mesmo, assim optaria.

Pensando na relação entre a Educação Física e o ENEM, uma problematização aconteceu acerca da legitimação da disciplina através do exame. Estudantes, em sua maioria, declararam importante a Educação Física estar nessa avaliação externa, porque, assim sendo, ganharia importância no currículo ou por conta da relevância social da mesma.

> Sim, porque a Educação Física é uma matéria assim como as outras, abordando assuntos importantes para as nossas vidas. (E10 – 1º ano)

> Educação Física é uma matéria que (diferente de muitas outras do currículo escolar) está presente no cotidiano dos alunos, e como o ENEM preza pelo conhecimento de mundo e interação com o mesmo, a Educação Física é uma das formas de comunicação entre a pessoa com o espaço. (E33 – 2º ano)

> Sim, porque a matéria Educação Física deve ter o mesmo valor que qualquer matéria, já que ela nos possibilita várias experiências válidas para toda vida. (E12 – 3º ano)

> Sim. Muitos assuntos presentes na Educação Física são muito mais úteis na vida das pessoas do que certos assuntos que existem hoje na prova do ENEM. (E20 – 3º ano)

Há menções dentre as respostas, e em um número considerável, que colocam a necessidade de tratar os conteúdos da Educação Física na prova, pois há estudantes que seguirão carreiras próximas à área, e que julgam, portanto, que esses conhecimentos deviam ser tratados. Transparece, então, o viés utilitarista do conhecimento tratado no Ensino Médio como mera formação para o trabalho ou para a continuação dos estudos em nível superior. Isso se contrapõe à ideia defendida pela maioria dos estudantes pesquisados, que demonstraram ser a formação para a vida, com atenção ao cotidiano, o que mais lhes atraía.

Porém, também presenciamos estudantes que não viam necessidade ou importância da Educação Física ser contemplada em uma avaliação externa. Isso posto, por vezes, na condição de *atrapalhar* os estudos de outras disciplinas, como se a área fosse um *peso* no conjunto dos conhecimentos a serem abordados ou até mesmo por não concordar com a sistemática de avaliação do exame.

> - Não. Porque uma pessoa não pode ter 'negada' sua entrada numa universidade por não saber responder uma questão de educação física (diminui a média). (E12 – 1º ano)

> - Não. Acredito que pelo fato dos alunos terem bastante assunto para estudar e a educação física ser algo mais utilizado na prática, se torna um trabalho a mais para o aluno ter que estudar a mesma. (E17 – 1º ano)

> - Não. Pois não é fundamental para a formação do cidadão nem para a maioria dos cursos superiores. (E 20 – 1º ano)

> - Não considero pelo motivo de não concordar com o sistema avaliativo presente no ENEM. (E23 – 2º ano)

No que concerne à relação dos conteúdos vivenciados durante o Ensino Médio com o que se presencia no ENEM, o maior registro de respostas contemplou a perspectiva de complementação entre aulas ditas teóricas e aulas ditas práticas. Aqui cabe uma ressalva: por mais que houvesse um esforço em demonstrar que o conhecimento permeava as discussões, independentemente de em qual espaço acontecessem as aulas, os estudantes, durante as observações de aulas, mencionavam que uma aula era teórica quando acontecia em sala de aula, e entendiam ser uma aula prática quando acontecia na quadra de esportes, sala de dança, dojô, e era necessário trocar de roupa.

> A escola tem que abordar ela com os pontos requisitados para o ENEM, porém não deixando restrita ao ENEM, tendo também aulas práticas. (E11 – 1º ano)

> Em muitas escolas trabalham-se apenas esportes tradicionais e não são levados a sério. Com o tema englobado pelo ENEM, cria-se uma imagem mais séria, podendo trabalhar mais áreas da Educação Física de melhor forma, e também aulas teóricas, para mostrar a forma como pode ser cobrado, apresentação da ideia; a aula prática é um modo de fixar e apresentar como acontecem as ideias apresentadas em sala. (E29 – 2º ano)

> Deve ser levada mais a sério e não apenas como um momento de descontração ou de atividade prática, sendo levado em conta a parte teórica que também é essencial, mudar esse pensamento nos alunos vai fazer toda a diferença com relação ao aprendizado em si. (E18 – 3º ano)

Ora a percepção é que de as aulas práticas são momentos de descontração e de uma prática física por si só, ora são consideradas momentos de conexão com o que foi tratado nas aulas denominadas como teóricas, mas a ideia de complementaridade entre esses dois vieses aparece em grande quantidade nas respostas.

No primeiro ano, vimos estudantes que não possuíam elementos necessários para analisar os conteúdos do ENEM, e a relação destes com o que se vivenciava nas aulas de Educação Física, porém, à medida que se passava para as séries seguintes, a percepção da necessidade das aulas de Educação Física no Ensino Médio como um todo também se ampliava.

> Ainda não vejo aspectos tratados na aula em provas do ENEM, mas sou do primeiro ano, então pode ser que eu veja posteriormente. (E16 – 1º ano)

> Por ainda estar no primeiro ano do Ensino Médio não fui capaz de perceber uma relação entre o conteúdo dado nesse ano e as questões do ENEM. (E20 – 1º ano)

> Deveria continuar tendo aula de Educação Física para os 3 anos do Ensino Médio. (E14 – 3º ano)

Muitas das respostas declaravam perceber a conexão entre o que se era tratado e o que se cobrava no ENEM, porém sem enquadrar as aulas como preparatórias em sua essência, mas como consequência da abordagem do conhecimento durante as unidades didáticas.

> Os professores tentam achar um equilíbrio entre a prática e as aulas em sala, sendo que nas duas formas sempre tem um conteúdo sendo trabalhado voltado para o ENEM. (E03 – 1º ano)

> Os conteúdos da Educação Física tratados na escola, além de envolver conceitos e regras, aborda assuntos sociais, o que é muito pedido no ENEM. (E07 – 1º ano)

> Os conteúdos tratados na Educação Física abordam o que é pedido pelo ENEM, tentando ser da maneira mais palpável possível, fugindo um pouco da cultura do "decoreba" e apenas da teoria. (E26 – 2º ano)

> Os conteúdos vistos em sala de aula são tratados de forma direta ou indireta nas questões do ENEM. Os conhecimentos abordados nas questões ainda são muito gerais, mas mostram uma tendência de introduzir cada vez mais questões de Educação Física na prova. (E16 – 3º ano)

> Sem dúvida, pois o ENEM aborda muito o cotidiano, a expressão corporal, os benefícios do exercício e como o ensino não é voltado apenas para a prova, com o conhecimento de

vida que adquirimos podemos interpretar e responder com habilidade esse tipo de questão. (E18 – 3º ano)

A associação entre os conhecimentos tratados durante as aulas evidencia duas percepções por parte dos estudantes: em um momento, eles declaram que, ao tratar do conhecimento para vida, ou seja, relacionado ao cotidiano deles, consequentemente, há contribuições para a avaliação externa; e em outro momento, os relatos parecem caminhar para a ideia de que o que é cobrado pelo ENEM é abordado intrinsecamente nas aulas. Ou seja, de uma forma ou de outra, os estudantes estariam sendo preparados para as provas porque o conhecimento estava sendo tratado. Fensterseifer et al. (2013) tratam dessa questão ao dissertar sobre a especificidade dos conhecimentos da Educação Física e o lugar destes em uma avaliação externa:

> Isso não invalida o esforço desses mecanismos de avaliação no que tange à EF, mas evidencia que os conhecimentos com que lida a EF "não cabem por inteiro" no tipo de instrumento utilizado. Reconhecemos, porém, que a partir do momento que a EF tem um compromisso com a especificidade da escola, em particular com o desenvolvimento de um conhecimento conceitual, pode ela ser objeto de avaliação no que se refere a este. Afirmamos isto pressupondo a universalidade que caracteriza esse tipo de conhecimento. (pp. 368-369).

Quando buscamos averiguar a influência da avaliação externa na dinâmica escolar, na concepção de currículo, verificamos como a pressão por resultados, como o entendimento de que o acesso ao ensino superior pode denotar uma maior importância do ENEM na vida desses estudantes. Para além da maior quantidade de indivíduos que atestam a necessidade de alteração da prática por conta da cobrança no ENEM, o que também fica claro é a compreensão ou a ideia de que valorizar a Educação Física se faz necessário para melhores resultados.

> Cabe destacar ainda que, dado o caráter indutivo dos processos de avaliação, pode exercer forte papel nas práticas pedagógicas da área, recriando em outra chave, a histórica determinação que os jogos escolares exercem sobre essas práticas. Enfim, assim como muitas escolas "ficaram do tamanho do vestibular", corremos o risco de "ficarmos do tamanho do ENEM" (ou de qualquer outra modalidade de avaliação). (FENSTERSEIFER et al, 2013, p. 369)

Os autores chamam a atenção para esse viés de importância dado à EF a partir do ENEM como sendo algo dúbio, pois, se, por um lado, é positivo ao demarcar para os professores o valor de se tratar questões conceituais em sua prática pedagógica, por outro, denota em uma prática de controle do currículo a partir da avaliação externa. Pode-se, portanto, valorizar a disciplina pela inserção em uma avaliação de larga escala, como também forçá-la a adequar-se às provas vigentes. Assim sendo, compreende-se que não somente a disciplina deva ter esse valor ampliado, como as práticas devem, sim, sofrer modificações de acordo com o exame.

Rocha e Ravallec (2014), ao analisarem o ENEM a partir de sua reformulação em 2009, chamam a atenção para o percurso histórico em dois governos, como política de valorização do ENEM em detrimento dos tradicionais vestibulares. Parece, para as autoras, que utilizar o exame como forma de acesso ao ensino superior objetiva uma função muito particular.

> O ENEM, criado na segunda gestão de Fernando Henrique Cardoso (1998-2002) e fortalecido nas gestões do Partido dos Trabalhadores (2003-2014), segue sendo difundido como instrumento de reformulação do currículo do Ensino Médio, por isso, é apresentado como alternativa ao vestibular, uma vez que este representaria um modelo falido de exame (de acordo com os documentos destacados neste texto). Não é por acaso que a propagada reestruturação do ENEM, especialmente em 2009, sentencia uma condenação ao vestibular como sistema de acesso ao ensino superior, por ser uma avaliação responsável pela permanência do modelo de organização curricular por disciplina. (ROCHA E RAVALLEC, 2014, p. 1996).

Então, se utilizar o ENEM tem como um dos objetivos, para as autoras, como instrumento de reformulação do currículo do Ensino Médio (lembremos que essa função está explícita nos documentos sobre a reformulação do exame) essa avaliação assume, portanto, características reguladoras que merecem cuidados. Por vezes, nem se precisa institucionalizar os fatos, pois os próprios atores escolares tratam de encaminhar esses entendimentos, como é o caso dos estudantes que afirmavam que a disciplina deveria ser mais valorizada por agora estar presente nas provas.

> Sim, pois pelo fato de que a Educação Física está no ENEM, ela deveria ser tratada com mais importância na escola, já que pode fazer tanta diferença no futuro das pessoas. (E09 – 1º ano)

> Primeiramente, a Educação Física deveria ser mais valorizada no Ensino Fundamental, pois as pessoas já chegam no Ensino Médio menosprezando essa matéria. (E10 – 2º ano)

> Sim, pois às vezes nas escolas os professores só apresentam regras do jogo, como são jogados os jogos e os esportes, e muitas vezes é bom saber também o contexto histórico daquilo que você tá aprendendo que é mais o que cai nas provas do ENEM. (E04 – 2º ano)

Entretanto, observamos aqueles que não viam o porquê de se alterarem práticas por influência do ENEM. Isso se dava no contexto da compreensão de que o exame é que tem que preconizar avaliar o que é vivido no Ensino Médio, e não pressupor controlar o que deve ser priorizado. O processo, para esses estudantes, então, é inverso. Para outros, a forma de trabalho que já era vivida na escola contempla a preparação para quaisquer cobranças em termos avaliativos e, portanto, não deveria influenciar a ponto de modificar a forma de se trabalhar.

Há ainda os que questionam o número de questões, ou até mesmo a forma com que se evidenciam conteúdos de Educação Física na prova e que, por ser algo minimalista, na visão destes, não haveria, então, necessidade de repensar práticas por conta das provas.

> Porque na escola é praticado do jeito certo e suficiente para o ENEM (pelo menos na minha escola). (E18 – 2º ano)

> Não, porque o ENEM é de fundamental importância na vida dos estudantes, mas vale lembrar que não é tudo. A Educação Física nas escolas realmente tem poucas aulas, mas não acho que isso deva mudar em relação ao ENEM, acho que isso deve mudar por conta da vida que vamos enfrentar pela frente, que os conhecimentos que nós podemos adquirir podem nos ajudar e muito. (E20 – 2º ano)

> Não. Porque no ENEM só tem um pequeno número de questões relacionadas à Educação Física, não precisando de tantas aulas para se aprender os assuntos cobrados. (E14 – 2º ano)

O que os estudantes, em termos gerais, descrevem é a importância que a prova tem na definição do futuro, na consecução da meta de entrada em uma universidade e nas consequências para a disciplina Educação Física no Ensino Médio. Se, por um lado, os mesmos entendem que essa disciplina tem conhecimentos importantes para a formação cidadã, contextualizada e crítica, há também que se ressaltar o caráter utilitarista a que eles se referem quanto à formação no Ensino Médio, deixando claro em várias oportunidades que se pode atrapalhar a preparação ao ampliar determinados conteúdos/conhecimentos. Como já dito anteriormente,

> uma vez consagrado certo padrão da avaliação, é de se esperar que esse seja tomado como referência para pautar os cursinhos preparatórios (seja para vestibular ou Enem). Considerando os argumentos anteriores, podemos visualizar o prejuízo para a área, uma vez que ameaça a legitimidade das vivências corporais que acontecem nas aulas de EF, bem como o privilegiamento de determinados conteúdos ("que caem mais nas provas"). Como ponto positivo, poderá gerar demandas para os professores da área que resistem em desenvolver conhecimentos conceituais em suas aulas. (FENSTERSEIFER et al, 2013, p. 369)

Ainda assim, encontramos avanços nas falas quando percebemos uma parcela significativa que entende o papel de um componente curricular como formação ampliada a partir de conhecimentos que se conectam com a vida e que, por causa disso, possuem relevância social para além de uma prova.

Ao tempo em que verificamos a prevalência de estudantes considerando a possibilidade de alteração das práticas pedagógicas por influência do ENEM, também evidenciamos falas que abordam a real necessidade de se refletir sobre as questões da formação humana, de contextualizar e entrar no cotidiano dos indivíduos e considerando que a avaliação é que precisa ser repensada olhando para esses critérios.

Se, por um lado, ainda prevalecem os conceitos acerca da temática saúde, do exercício físico, e do esporte como prática hegemônica como sendo os conhecimentos a serem tratados na disciplina na escola, enxergamos com entusiasmo o pensar sobre as demais práticas da Cultura Corporal e levando em consideração a contextualização, avançando no que diz respeito a uma Educação Física que rompa com o mero fazer físico.

O ENEM pode ter o seu papel de contribuição nesse processo se tiver, em seu bojo, o envolvimento dos conhecimentos ampliados, não priorizando este ou aquele tema, mas avaliando o indivíduo de forma integral quanto ao que aprendeu sobre as práticas corporais.

Quando há dados demonstrando que os estudantes de uma realidade de Ensino Médio se prestam a essa avaliação externa apenas pela entrada no Ensino Superior, mesmo discordando veementemente da sistemática, é preciso repensar o porquê de essa prova estar sendo aplicada e nos seu moldes que atualmente vigoram. Os indivíduos precisam se enxergar na avaliação; precisam se reconhecer naquilo que estudam e naquilo em que são avaliados, e isso não tem necessariamente a ver com a inclusão desta ou daquela disciplina, mas com formas avaliativas que sejam pensadas em concatenação com a formação de cidadãos críticos, reflexivos e com ferramentas necessárias para a intervenção na sociedade.

No caso específico da Educação Física, isso tem a ver com o tratamento dos conhecimentos histórica e culturalmente produzidos pela humanidade concernentes às práticas corporais. A escola e, consequentemente, a Educação Física, darão conta do seu papel quando essa formação estiver clara nas políticas públicas, no currículo e no chão da escola, materializado nas práticas pedagógicas do cotidiano escolar.

7.2 EDUCAÇÃO FÍSICA E ENEM NAS FALAS DA GESTÃO ESCOLAR E PEDAGÓGICA

Para as entrevistas realizadas, utilizamos os roteiros construídos (APÊNDICES B e C) e construímos, para a análise, um quadro contendo as categorias empíricas, as unidades de contexto e as unidades de registro que emergiram das falas do diretor escolar e da mediação pedagógica. Lembramos que o diretor escolar também faz parte do que, na escola, se denomina Equipe Pedagógica composta pelo diretor e pelos mediadores pedagógicos de cada série. Entrevistamos, então, além do diretor, a mediação do 1º, 2º e 3º ano.

Duas categorias foram elencadas durante a análise dos dados obtidos: ENEM e Educação Física, havendo repetição das categoria que também foram elencadas nos questionários. A explicação para esse fato está no objeto de estudo que relaciona o ENEM às experiências da prática pedagógica nesta escola, logo, as falas obtidas através das entrevistas abordaram essa discussão, como descrito no quadro 13.

Um ponto a se destacar tem relação com a preocupação constante entre os membros da mediação pedagógica e a gestão escolar quanto ao ENEM. Em todas as falas se pontuava a importância do exame para a escola, porém, sem se caracterizar uma espécie de controle sobre o currículo, ou seja, o ENEM tem sua importância porque faz parte do processo avaliativo a que os estudantes são submetidos, mas não como balizador das práticas.

Quadro 13: Quadro empírico acerca da categoria "ENEM" nas entrevistas

Categoria Empírica	Unidade de Contexto	Unidade de Registro
ENEM	Relação com o ensino	Trabalho com as competências e habilidades
		Conhecimento para intervenção na sociedade
		Situações-problema
		Significação do conhecimento
		O exame não deve pautar o ensino
	Conhecimento sobre avaliação	Lacuna na formação inicial
		A atuação profissional como formação
		Competência pedagógica
	Caracterização do exame	Constituição de áreas de conhecimento
		Matriz de competências e habilidades
		Acesso ao ensino superior
		Instrumento de mudança das práticas pedagógicas
		Avaliação do conhecimento
	Planejamento na escola	Foco nas habilidades e competências
		Trabalho conjunto professor x mediação pedagógica
		Diálogo para melhoria dos resultados
		Análise de dados para reorganização do ensino
	Dificuldades no trato com o conhecimento	Formação e Prática dos professores
		ENEM como processo seletivo
		Cultura de resultados
		Maturidade dos estudantes
EDUCAÇÃO FÍSICA	Ensino Médio	Componente curricular importante
		Componente da área de linguagens
		Contexto de discussões sobre o cotidiano das práticas corporais
		Cultura Corporal como elemento
		Componente como outro qualquer do currículo
		Formação para além do acadêmico

A escolha dessa escola para a pesquisa teve como critério o reconhecimento pelos resultados e pela sociedade quanto ao ENEM. Assim sendo, buscamos elucidar como o ensino está estruturado na instituição pensando a partir dessa avaliação.

Logo no início da entrevista, a mediação de 1º e 2º ano cita a recorrência das discussões sobre o ENEM na realidade escolar e como o ensino é pensado levando em consideração esse exame.

> O ensino, pautado nas avaliações externas, especificamente no ensino médio, no ENEM, é uma coisa que a gente discute diariamente, tá? É...,, o E[10]. antes do ENEM se constituir um processo seletivo, a escola já investia, né? [...] então focar para esse ensino, ou melhor, foca o ensino nas competências e habilidades, e toda a programação, todo o trabalho pedagógico de sala de aula, ele exatamente vai dialogar com essas competências e essas habilidades, né, que estão presentes na Matriz de Referência do ENEM, então é uma coisa que já estamos discutindo há algum tempo, e a ideia agora é, com essa nova proposta, né, do ENEM como processo seletivo, a gente vem cada vez mais buscando caminhos, reestruturando práticas, avaliando e pensando situações estratégicas, para que as lacunas que a gente vai identificando no processo, elas possam ser superadas. (M1)

Citar o ensino ou a organização do trabalho em sala de aula a partir da ideia de competências e habilidades não é mera coincidência: os próprios planejamentos de ensino dessa escola são estruturados abordando que competências e habilidades os estudantes precisam desenvolver em cada série e em cada unidade didática.

Essa opção metodológica e epistemológica evidencia o trabalho dessa realidade escolar em atender uma demanda de ensino-aprendizagem que se encontra alinhada com os pressupostos do ENEM, porém, são os próprios mediadores das três series do Ensino Médio que afirmam não ser esse o único caminho escolhido como prioridade. Na realidade, atestam ser a aprendizagem do conhecimento a ser tratada no Ensino Médio a real preocupação da escola.

---

[10] Em várias oportunidades, os entrevistados mencionaram o nome da escola. Como cuidado metodológico decidimos suprimir esse nome, deixando apenas a inscrição "E." quando se tratava do nome do estabelecimento sendo mencionado.

> Mas eu gostaria só de ressaltar que, o colégio E., a grande preocupação, é que o aluno desenvolva, que o aluno construa esse conhecimento nas 3 séries do ensino médio, né? De forma que de fato possibilite um conhecimento amplo, que ele possa intervir no mundo, que ele possa tomar decisões, que ele possa usar o conhecimento para que ele possa intervir na sociedade. Então se ele faz essas 3 séries do ensino médio de forma qualificada, consequentemente o resultado no ENEM vai ser uma, possível, com certeza vai acontecer. (M1)

> O mais importante é o conhecimento. Acima de tudo a escola ela tem que pautar o seu currículo tendo como ênfase a construção do conhecimento vinculada às situações problemas que permitam aos alunos e aos professores construírem relações de debate e discussão que faça inferências, que deem significado ao que eles estão aprendendo. A avaliação externa ela não deve pautar o que deve ser ensinado. (M3)

Em outros momentos neste texto, tratamos sobre o caráter regulador de uma avaliação externa. Percebe-se, nas falas da mediação, uma afirmação da importância do ENEM na constituição das práticas na escola, porém, é revelado também um cuidado para que a escola não fique do tamanho do ENEM, ou seja, não adote o exame como único parâmetro balizador das ações no ensino médio. Neste sentido, para além dessa discussão sobre o controle de currículos por parte de avaliações externas, a mediação do 3º ano deixa bem claro que o ENEM trouxe uma contribuição importante, especialmente no rompimento de um ensino conteudista, de memorização e, portanto, desconectado da realidade dos estudantes.

> Então hoje o ENEM ele traz esse viés, esse novo paradigma, é..., o ENEM quando surgiu em 1998 ele surgiu como uma percepção da construção de habilidades que lá ele buscava trazer uma conjuntura que buscasse fazer com que o currículo, ele pudesse ser mais simplificado, ele pudesse permitir ao professor direcionar algumas ações para que não houvesse tanto uma visão tão enciclopédica tão maçante, tão extenuante pra os alunos. (M3)

> Eu acho que se o aluno conseguir perceber o aprendizado nesse viés de significado, ele passa ir à escola com uma referência daquilo que ele busca em relação ao seu caminhar, ou seja, ele começa a ver sentido naquilo que ele tá aprendendo e isso vinculado a uma gama de situações que hoje se vislumbra dentro

de um momento onde os alunos são altamente digitalizados, a informação, ela não está restrita a sala de aula, a informação não se resume ao espaço da escola, a informação na verdade ela se coloca de modo entrelaçado onde o aluno aprende em todos os lugares, em todos os espaços, das diversas fontes de informação. (M3)

Já tratamos da questão sobre o ENEM como uma avaliação que foi reestruturada a fim de abarcar novas formas de verificar as aprendizagens no Ensino Médio em contraponto a uma suposta avaliação *tradicional* no sentido pejorativo, pois esta deve ser superada nesse entendimento. Mas pensar o ENEM e a influência dessa avaliação no meio escolar pressupõe ter conhecimento sobre o que é e o que preconiza este sistema. O que se observa é uma lacuna na formação inicial desses profissionais quanto ao conhecimento avaliação, notadamente avaliações externas.

Bom, infelizmente, essa discussão sobre o ENEM, eu só comecei a fazer na escola, tá? Na formação acadêmica, isso aí é ainda é uma lacuna muito grande, eu ainda acredito, né, na minha época, com certeza, eu não tive a oportunidade de pensar sobre isso, como discutir isso, atrelar isso às práticas pedagógicas, e só realmente faço essa discussão há 8 anos quando ingressei aqui no colégio. (M1)

É..., a minha formação, foi em licenciatura em química na UFPE e nessa formação eu não tive, é..., acesso do ponto de vista prático a uma discussão de dados que fizesse com que a gente percebesse em sala, na sala de aula, uma visão de debate, uma visão contextual que passasse a exemplificar situações do dia a dia de tal maneira que situações problemas fossem colocadas em questão. [...] a gente tinha teorizações e essas teorizações muitas vezes é colocada numa situação muito conceitual, muito específica, fizeram com que o profissional, o professor hoje tivesse essa necessidade de aprender em sala de aula a vivenciar isso. (M2)

Se, por um lado, os mediadores afirmam ter possuído uma formação deficitária sobre o assunto, é na prática, no dia a dia da escola, que esses profissionais declaram ter aprendido mais sobre a temática. Iniciamos este texto afirmando, dentre outras características, que tudo que envolve o novo ENEM é muito recente e, portanto, carece ainda de debates mais aprofundados. É esperado que mesmo os atores envolvidos em escolas que tratem do ENEM em suas práticas não sejam profissionais que tiveram em sua formação inicial o trato com esse tipo de avaliação, mas que, no dia a dia, têm lidado com esse importante instrumento.

Em contraponto, a direção da escola afirma ter ampliado o conhecimento, agora pensando na avaliação como um todo, em sua formação no nível de pós-graduação. Tal fato nos chamou a atenção, pois, se o gestor escolar possuísse notável conhecimento sobre avaliação, provavelmente evidenciaria em suas falas como pensa tal avaliação externa em consonância com as avaliações da escola e até mesmo planejamentos e objetivos de ensino. Isso se demonstra não somente na fala do diretor, mas também nas falas dos mediadores pedagógicos ao denotarem elevado grau de importância à temática avaliação, bem como na aprendizagem dos conceitos e estratégias que envolvem a temática.

> É, como eu fiz a minha graduação em pedagogia, é..., no currículo do curso de pedagogia, é..., eu fiz a disciplina avaliação agora.. como a graduação aconteceu na década, é..., de começo da década de, final da década de sessenta, é...,então, é..., a teoria de avaliação que existia nas faculdades era uma, era uma, é..., era um conhecimento muito precário, é.., na realidade a gente aprendeu a fazer provas e aplicar notas e, é..., um pouco de estatística para você fazer a interpretação e publicação dos resultados. (Diretor)

> [...] então eu acredito que a escola deu essa oportunidade, né? ... de conhecer, e a gente pretende, é, desenvolver essas práticas de uma forma muito mais qualificada, no dia a dia, na conversa com os professores, nos estudos que a gente vai fazendo, né, na equipe, pra que a gente acompanhe essa proposta, e dê conta de fato, não fique só no discurso e que atinja aí uma prática pautada nessas competências e habilidades. (M1)

> O tempo de trabalho é que me permitiu conhecer e me aprofundar mais sobre o que é que a avaliação externa concebe, e o que é que o ENEM traduz em termos de necessidade de ensino e vínculo com o processo de aprendizagem. (M2)

> A minha pós graduação, eu fiz o mestrado de educação na PUC do Rio de Janeiro, eu foquei exatamente avaliação porque era, é..., a área que me interessava aprofundar. Então durante o meu mestrado eu cursei durante 4 períodos a disciplina avaliação, e avaliação com foco na aprendizagem. (Diretor)

Mesmo que a ênfase na pós-graduação não tenha sido sobre avaliações externas, conhecer com mais profundidade acerca do tema avaliação, para o diretor, se constitui como elemento de avanço na direção de medidas no âmbito escolar, por domínio das referências. Como gestor, pensar práticas de formação continuada, e de acompanhamento das práticas pedagógicas, ganha subsídio no próprio aprofundamento sobre o assunto, quando se trata de pensar a avaliação da aprendizagem.

Quando adentramos especificamente no assunto ENEM, algumas características emergem das falas, como, por exemplo, a menção constante nas falas à ideia de que o ENEM aborda as áreas de conhecimento e como isso altera o modo de se enxergar o trato com o conhecimento na escola.

Outras passagens descrevem esse sistema como uma avaliação de competências e habilidades, como uma avaliação de acesso ao ensino superior e as consequências dessa mudança de viés, bem como a perspectiva do ENEM em transformar práticas escolares. Nesse caminho, a direção da escola até alerta que a instituição deve buscar seus caminhos sem mudar radicalmente seu *modus operandi* por causa de uma prova, mesmo que reconheça o papel dessa avaliação na mudança de práticas. Percebe-se que as menções às áreas de conhecimento abordadas no ENEM são constantes nas falas.

> Bom, o ENEM, ele na sua origem, né? [...] é..., se constituiu enquanto avaliação né? Os egressos do ensino médio, pra que a gente pudesse, é..., perceber e identificar como é que esse aluno estava concluindo o ensino médio, e hoje ele passa a ser um processo seletivo para as universidades, e ele tá focado, como eu falei, anteriormente, né? [...] em competências e habilidades, que levam o sujeito a compreender e intervir no mundo. (M1)

> Olha eu acho que o ENEM, ele..., ele ajudou as escolas a mudarem o currículo, se preocuparem com resultados... Mas eu creio que a escola não deve ser uma escola inovadora por causa do ENEM. Há escolas, ainda, a maioria das escolas estão trabalhando com os alunos como disciplinas, como disciplinas e o trabalho por disciplina de uma certa forma é uma negação do próprio ENEM. Enquanto as escolas não entenderem que a formação do aluno é uma formação interdisciplinar, é..., as escolas não terão avançado como escolas das quais a sociedade cobra uma melhor preparação dos alunos. (Diretor)

> Com o novo ENEM a gente passa a ter um corpo em relação ao objeto de conhecimento mais significativos e que começam

> a ter mais evidências em relação ao trabalho. O que hoje o ENEM aparece é que ele em cada área de conhecimento adquiriu um formato na estrutura avaliativa que estatisticamente demonstra qual é a tendência em relação ao ensino e qual é a perspectiva da aprendizagem do aluno. (M2)

Notemos a recorrência da nomeação das áreas e de como se deve almejar um rompimento com a lógica disciplinar e partir para uma articulação entre as diversas áreas de conhecimento. Rocha e Ravallec (2014) fazem uma reflexão política para essa valoração das áreas de conhecimento ao descreverem que os documentos oficiais tratam "[...] como discurso hegemônico da promoção do ENEM como catalisador de mudanças curriculares e que, paradoxalmente, denuncia o *vestibular tradicional* pela mesma racionalidade: a de orientar o currículo do ensino médio" (p.2000).

Tal discurso é utilizado pelo INEP, por exemplo, como um chamamento à universalização do exame e à consequente utilização deste como elemento de reformulação do Ensino Médio. Rocha e Ravallec (2014) continuam essa análise, percebendo a ideia de transformar o ENEM em uma demanda popular, pois, desta feita, se retiraria o peso de uma avaliação conteudista, pragmatista e tradicional, como o vestibular, para uma avaliação que rompe com a lógica disciplinar e que, portanto, investe na integração entre os diversos componentes curriculares.

> [...] Então, você tem aí a área de linguagens, dentro da área de linguagens você tem a língua portuguesa, você tem a língua estrangeira, você tem a educação física, artes, a literatura, você tem a matemática que por si só ela é uma área de conhecimento, você tem as ciências da natureza, biologia, física e química, e você tem as ciências humanas que é a filosofia, a sociologia, a história e a geografia, então todas essas áreas, elas estão aí articuladas, né? [...] esses conteúdos, eles vão tomando uma dimensão, e eles vão tá explorando, dentro dessas respectivas habilidades e competências, conhecimentos que vão discutir, vão aprofundar valores, atitudes, né? [...] e todos os diversos conceitos que vão ser construídos nesse processo de ensino e de aprendizagem. (M1)

> Eu acho que acima de tudo as áreas de conhecimento, hoje, elas não se traduzem tanto em comunicação, cada prova tem sua identificação muito singular, mas ela permite que o professor consiga ver em cada área de conhecimento uma situação textual, uma estruturação do item que perpassa

> por um conhecimento que não é só da área da natureza, mas a área de matemática, a área de linguagem, que faz com que simplesmente a gente veja essa visão não só inter, como trans, como multidisciplinar, fazendo como que haja toda uma bagagem curricular que permita o aluno ter no ENEM e permita o professor, a gestão, o colégio, a instituição em si, um corpo de trabalho muito mais efetivo em que se permite estabelecer metas. (M2)

Outro fator importante para a análise é como as pessoas que estão nos bastidores, na gestão escolar e pedagógica, refletem sobre o papel da Educação Física no Ensino Médio. Nesse sentido, se almejamos correlacionar o ENEM com a prática pedagógica, e, nesse caso, da Educação Física, é preciso compreender como essa escola pensa sobre a área no currículo de formação de seus estudantes.

Mencionar a Educação Física como um componente da área de linguagens, importante e no mesmo nível dos demais componentes curriculares, parece conferir à área um status não tão comum, mas que permite ao professor caminhar na segurança de que a disciplina tem o seu papel na formação humana no currículo da escola. A menção de uma das pessoas responsáveis pela mediação de que a escola tem avançado em priorizar essa formação ampliada através de um componente curricular que historicamente tem seu valor reduzido em relação aos demais é um critério de legitimação da disciplina nesta realidade.

> Bom, eu lembro bem, assim que eu cheguei aqui no colégio E., é, alguns desafios, né? [...] que o professor enfrenta, enfrentava, ainda enfrenta, claro, eu acho que de uma forma mais tranquila, que é exatamente o aluno compreender, a família compreender a importância da Educação Física como um componente que faz parte, é currículo, né? [...] da educação básica. (M1)

> [...] a importância da Educação Física não é nada mais do que a importância do conjunto dos componentes curriculares nas quatro áreas de conhecimento. Você não, é..., você não tem Educação Física nem como mais nem como menos importante. A Educação Física tem as suas especificidades, como a matemática tem suas especificidades, português tem as suas especificidades, artes tem as suas especificidades...Então a Educação Física é um componente importante. (Diretor)

> a escola eu acho que tá de parabéns, porque o colégio E. ele sempre teve coragem de priorizar também a Educação Física, de valorizar a Educação Física, como os demais, né? [...] componentes curriculares, isso a gente faz diariamente, e acredito que os alunos começaram, sim, a perceber essa importância e eu vejo a educação física, não é apenas a prática do esporte, a Educação Física pela Educação Física, né? [...] do corpo, mas é um espaço, né? É um contexto de discussão muito maior, que ele trabalha diferentes dimensões do ser humano, ele discute, ele reflete os valores, eles refletem a questão social, cultural, e ela é uma área, né? Educação Física tá dentro de uma área que é linguagens. (M1)

González e Fensterseifer (2009) descrevem de forma curiosa o atual estado da Educação Física, afirmando que estamos entre o "não mais" e o "ainda não", e, nessa perspectiva, muitos não têm, infelizmente, atentado para o processo de avanço que a EF tem atravessado ao longo dos anos.

> A Educação Física (EF) como disciplina escolar passa por um processo de transformação do qual todos somos, senão protagonistas, espectadores. Alguns há mais tempo, outros menos, convivemos com um processo de transformação que consideramos sem precedentes na história desta atividade pedagógica. Processo ao qual, entendemos, não se tem prestado a suficiente atenção. (p. 10)

Ou seja, parece que, Brasil afora, práticas diferenciadas e de transformação da EF têm sido levadas a cabo por professores e demais atores escolares, e, nas falas dos gestores, da escola tomada como campo de pesquisa, parece estar contemplado esse processo. Há, inclusive, um entendimento de certa forma aprofundado sobre o que a Educação Física já fez em sua história como disciplina escolar e do que vem avançando gradativamente em sua atuação no meio educacional.

Chega-se a mencionar termos como práticas corporais, Cultura Corporal, a importância da formação de argumentação a partir de problematizações, ou seja, a equipe pedagógica parece estar concatenada com as discussões mais recentes sobre a prática pedagógica de uma Educação Física compromissada e que possui um corpo de conhecimentos a ser tratado no *lócus* escolar.

> A Educação Física tradicional que era uma Educação Física voltada para o aluno fazer exercícios físicos ou esporte e isso foi extremamente prejudicial para o desenvolvimento do aluno e a própria compreensão por parte do aluno do papel da Educação Física. (Diretor)

> [...] vai trabalhar exatamente diferentes temáticas, da cultura, né? [...] corporal, de uma forma crítica, que leve o aluno a realmente ter argumentos, construir argumentos e se posicionar diante das situações do dia a dia. Vai além, né? ... da prática do esporte. (M1)

> [...] a Educação Física passou a integrar uma área de conhecimento, é..., linguagens, de forma que a Educação Física é entendida como linguagem e numa área de conhecimento obviamente que ela tem uma outra importância, é..., tanto no trabalho do professor como na própria perspectiva que o aluno vai tendo sobre a importância da Educação Física. Na Educação Física há conhecimento? Há conhecimento! Por isso mesmo a Educação Física não pode se limitar a prática de esportes, por exemplo, o que é muito comum nas escolas. (Diretor)

> Eu vejo a Educação Física como, é..., integrante da área de linguagens e sendo extremamente importante pra trazer o aluno a identidade, não só como processo de linguagem, como expressão corporal, é, como também de reconhecimento de todo um contexto que preza pela situação de motivação a saúde, de bem-estar, de fazer o aluno refletir sobre o seu dia a dia em relação a encaminhamentos que ele poderia assumir que vai muito mais do que meramente uma instrumentação acadêmica, vai muito mais além do cognitivo, mas que traz essa visão lúdica combinada ao acadêmico. (M2)

González e Fensterseifer (2019) aprofundam a discussão sobre o avanço da Educação Física a partir da superação da perspectiva da promoção da saúde como paradigma e de um processo chamado de esportivização da EF, em que se submete a área ao trato único do conhecimento Esporte em suas aulas, como bem anunciou o diretor da escola em sua fala acima.

> Assim, essa ruptura com a tradição, do que podemos denominar de o "exercitar para", colocou à EF (é bom lembrar: a seus protagonistas) a necessidade de reinventar o seu espaço na escola, agora com o caráter de uma disciplina escolar. EF na forma de um componente curricular, responsável por um conhecimento específico (inclusive conceitual), subordinado a funções sociais de uma escola republicana, comprometida com a necessidade que as novas gerações têm de conhecimentos capazes de potencializá-los para enfrentar os desafios do mundo contemporâneo. (GONZÁLEZ e FENSTERSEIFER, 2009, p.12)

Os autores, portanto, entendem que esse projeto ainda não é hegemônico e que, nesse ínterim, novas práticas pedagógicas devam ser inventadas. Adiante, quando abordarmos a observação das aulas, trataremos disso na perspectiva de uma ação-reflexão-nova ação, ou seja, partindo do pressuposto de que uma prática não é destituída de uma teoria (e vice-versa), busca-se inovar a partir da concepção de que em aulas de Educação Física se devem, sim, utilizar outros elementos e materiais, que não os usuais materiais esportivos e ginásticos, mas também textos, cartazes, vídeos, debates etc.

No que concerne à relação entre esse componente curricular e o ENEM, o que fica evidente é a preocupação da equipe pedagógica em não atrelar importância ao conhecimento de que trata a Educação Física somente à presença desta no exame, mesmo que seja inevitável conferir um certo status à disciplina por essa inclusão.

Há questionamento, inclusive, sobre o que é entendido como cobrado pelo exame referente à área, mas sem deixar de lado as especificidades do componente na avaliação.

> [...] o ENEM faz isso de uma maneira tão sutil é que as questões de linguagem, elas não são questões específicas de Educação Física. Elas podem até envolver, é..., conhecimento que se desenvolve na Educação Física, mas na realidade, é..., as questões relacionadas à Educação Física elas não são restritas a Educação Física, tem a ver com a biologia por exemplo, tá? (Diretor)

> O importante é que o aluno tenha, é..., ter uma formação em que as linguagens sejam trabalhadas. Isso é importante: quer ela tem sido trabalhada em artes, quer ela ter sido trabalhada em Literatura, o importante é que as habilidades tenham sido trabalhadas. Agora, a Educação Física tem um papel importante para que determinadas habilidades, elas sejam adquiridas. Aí haveria um diferencial muito grande. O aluno que teve uma boa formação porque teve uma boa formação, é..., mediante trabalho de Educação Física e aquele que teve uma experiência de Educação Física absolutamente, é..., superada. Eu acho que esses alunos terão, é..., diferente e sobretudo na vida eles terão, eles terão posturas diferentes. (Diretor)

Mesmo que haja esse entendimento de que as disciplinas têm suas especificidades e de que o ENEM surge como contribuição, não como a panaceia ou o balizador das práticas, os planejamentos de ensino e a organização da escola podem, sim, ser influenciados por essa avaliação externa, especialmente porque ela pressupõe ultrapassar a lógica disciplinar, rígida, descontextualizada, por uma lógica de conexão com a realidade dos estudantes e de enfrentamento de situações-problemas as mais diversas.

Por essa razão, vemos como a escola se organiza quanto aos seus planos de ensino e aprendizagem, e as formas metodológicas de trato com o conhecimento.

> [...] assim, nossos planejamentos, como eu disse a você, já há algum tempo ele vem muito nessa perspectiva, olha, vamos sair do foco no conteúdo, eu não quero só que você pontue pra gente qual é o conteúdo, mas eu quero que você pense, quais são as habilidades e competências que precisam ser desenvolvidas naquela área, naquele foco de conhecimento, e aí o conteúdo, ele entra como uma ferramenta, para que essas competências e habilidades, elas sejam desenvolvidas. Então, o nosso planejamento, ele tá todo estruturado, aliás, ele foi reestruturado nessa perspectiva, o professor, ele consegue visualizar que habilidade é aquela, que competência ele precisa desenvolver a partir daquele conceito, né? [...] aquele conceito vai favorecer o desenvolvimento de que competências e habilidades, né? (M1)

As nuances de como cada integrante da equipe pedagógica age no acompanhamento dessas organizações, adaptações e da efetivação das práticas podem diferenciar na forma de abordagem, mas se assemelham naquilo que é essencial: a busca pelo aprimoramento e contribuição para que o estudante aprenda, e isso é evidenciado no cotidiano escolar de diversas formas.

> [...] Então a gente vai construindo alternativas didáticas, pedagógicas, pra dar conta dessas dificuldades que de fato aparecem, né?, ... são inerentes ao processo de transformação pedagógica que a gente tá querendo tanto, é, consolidar. Então são práticas que estão em processo, e a gente precisa, tá sempre muito atento a isso, para que essas práticas se consolidem. (M1)

> O que hoje nós observamos para que haja todo um portfólio, é..., de atuação junto aos professores, junto à gestão pedagógica, é preciso que haja um estudo analítico acerca de uma visão estatística que permite que a gente observe onde é que nós estamos tendo em termos de falha, é, uma maior recorrência. Então numa visão que busca a integração das áreas eu acho que acima de

> tudo a gente precisa estudar externamente as avaliações, criar uma estrutura de discussão que faz com que os professores, é..., o corpo diretivo se aproprie de algumas situações que precisam ser melhoradas, que precisam ser acentuadas e fazer com que essa discussão seja moderada a nível global, a gente não pode restringir somente a uma área de conhecimento, a gente tem que entender que cada área tem a sua contribuição. (M2)

> Tudo isso se integra dentro do corpo da escola, então a importância de promover situações que recorrem a planejamento e que recorrem a uma estruturação de um diálogo se tornam essenciais para que a gente consiga ter resultados em termos de avaliação externa. (M2)

Para efetivação desse investimento em aprimoramento das práticas, é imprescindível pensar em formação continuada, e, nesse ínterim, é preciso destacar a formação de quem lidera o processo. A gestão escolar, por exemplo, não aprofundou seus estudos na mera gestão organizacional, mas, fundamentalmente, no pedagógico, e isso contribuiu para um diálogo mais rico e próximo do que todos almejam que é avançar qualitativamente no trato com o conhecimento escolar.

> Olha, o Diretor ele não precisa ser necessariamente competente na área pedagógica. No meu caso, eu sou um gestor escolar que tenho competência pedagógica. Eu fiz toda minha formação acadêmica na área pedagógica. Eu não fiz formação acadêmica na gestão. (Diretor)

> A minha formação, como é uma formação como eu já disse 'n' vezes é na vertente pedagógica, então pra mim é muito mais fácil eu estar junto aos professores e coordenadores, mediadores pedagógicos e provocando permanentemente os professores para estudarem e para mudar a sua prática pedagógica. (Diretor)

Por isso, a formação continuada adquire um espaço privilegiado no chão dessa escola, embora haja o reconhecimento da ausência de uma política de formação, verificando-se apenas práticas de formação.

> [...] é como eu disse a você, a formação continuada é no dia a dia, é no olhar atento, é o ouvir atento, é essa coisa de tá junto e propor situações, mas existe também, com certeza, esses espaços, né? ... esses encontros de formação. (M1)

> Estimulando os professores a participarem, é..., de cursos que ocorrem, é..., nas universidades, nas escolas, naquelas empresas que hoje estão voltadas, é..., para a formação do professor. [...] Agora, sistematicamente a escola precisa ter o seu espaço aberto para a formação continuada dos professores que não se restrinja aquela semana, dita semana pedagógica antes do início do ano letivo. Isso é interessante, mas é absolutamente insuficiente da formação continuada. Ela deve ser feita permanentemente, na escola inclusive, como uma política de formação continuada. (Diretor)

> Ela se dá através de pessoas externas que são convidadas a permitir que uma sessão temática seja abordada e traga para o professor uma reflexão sobre determinado ponto que talvez no colégio se torne mais frágil, se dá por uma leitura de dados, de análise de estatística, de notas, é..., nos debruçando sobre provas anteriores, sobre resultados anteriores que fazem com que a gente tenha condições de aferir, é..., o nosso grau de evolução de um ano para outro ou até mesmo fazer com que determinado aluno seja constatado como sendo um aluno que poderia ter avançado caso a gente tivesse investido mais em determinada área, determinada habilidade, determinadas competências. (M2)

> E aí a gente tem o especialista, mas a gente valoriza muito o nosso corpo docente, né? [...] da escola, então nosso professor trata também de determinadas temáticas, é, explora isso com os colegas, nossos encontros de formação a gente também possibilita que as diversas áreas, elas dialoguem, tá, a área na sua área, mas a área com as outras áreas, a gente faz com que haja a possibilidade de associar tudo isso, pensar projetos, né? (M1)

Refletindo sobre a importância da formação continuada na escola, a equipe pedagógica abordou, em diversos momentos durante as entrevistas, as dificuldades em avançar nas práticas da escola no que concerne às avaliações e à própria forma de se abordar o conhecimento em aulas.

Fica evidente o avanço que a escola já alcançou e continua a alcançar, até porque os resultados reforçam os êxitos, porém, esses fatos não parecem acomodar os que fazem a instituição. A busca por analisar pontos falhos, de melhoria, e estratégias para melhoria das práticas é uma constante nas falas dos entrevistados, e, assim, expõem, também, as maiores dificuldades nesse processo, haja vista se tratar da formação humana, que, logo, possui suas complexidades.

Curiosamente, a relação que se faz entre a formação do professor e a sua prática cotidiana é mencionada como entrave por várias vezes a um avanço mais rápido e qualitativo.

> Bom, é, nesse ponto eu sempre fico muito, é, preocupada com a pratica. A gente fica nessa discussão, e eu quero sempre que isso chegue de fato rapidinho na prática do professor. E não é assim, né? Não vai ser de imediato. É..., a gente vai se deparando às vezes com algumas resistências, e aí o tempo de formação de um professor, não é o tempo de formação do outro professor, a concepção do professor é diferente da concepção do outro professor... (M1)

> Olha, é..., uma coisa era o ENEM sem ser processo seletivo. Antes de 2008 o ENEM não era pro processo seletivo. Depois de 2008, o Ministério de Educação tendo tornado o ENEM processo seletivo, isso trouxe mais prejuízos pras escolas do que, é.., do que tenha contribuído para avançar. [...] Hoje existe toda uma logística para o aluno desenvolver proficiência, e ele, é..., passa a ter, se ele desenvolve proficiência nas diversas áreas do conhecimento, esse aluno estará mais preparado para os processos seletivos que implicam por sua própria natureza, é..., uma competição. O ENEM antes não tinha competição e agora é competitivo, então isso tá forçando as escolas a planejarem melhor as áreas de conhecimento. (Diretor)

Isso não significa dizer que há uma responsabilização exclusiva do professor como barreira aos avanços, mas que também se compreendem as dificuldades do próprio sistema educacional e das instituições, sejam elas a própria escola, a família e a sociedade como um todo. Questões como essas, associadas ao ENEM, não eram levantadas anteriormente, porque a lógica que imperava até então era a dos vestibulares tradicionais, e, nesse contexto, o ENEM servia apenas como avaliação da qualidade do Ensino Médio. A partir da adoção deste exame como política de acesso ao ensino superior, as escolas precisaram se adequar e pensar estratégias que abordassem essa avaliação externa.

> A gente vinha de uma cultura de resultados. Essa cultura de resultados era muito voltada a avaliações que prezavam principalmente não ter no aluno o conhecimento, mas ter no aluno aquele que conseguia memorizar mais informações, carregar, é..., uma bagagem que muitas vezes não tinha sentido naquilo que ele tava aprendendo [...] Eu acho que os desafios hoje que

> nós temos é primeiramente mudar essa cultura, e essa cultura se modifica diante de 3 relações:a relação instituição, a relação família e a relação principalmente professor.E quando eu falo a relação família eu falo também do aluno. (M2)

> A ideia da relação da instituição, é que a instituição tem como mecanismo de ação, é..., a necessidade de criar mecanismos, ferramentas de estímulo que façam com que o professor tenha acesso a todas as informações, a toda essa discussão que perpassa pelas diversas situações, é..., não só pedagógicas, como também, é..., gerenciais que façam com que ele reflita sobre a condição de colocar o professor como parte fundamental nessa mudança. (M2)

Notemos que fica claro nas falas o papel do professor na transformação das práticas. Se, por um lado, verificam-se inovações pedagógicas, estas ligadas a professores que avançam em seu agir pedagógico, por outro, se identificam aqueles professores que resistem mais a essas inovações. Ou seja, os problemas de uma prática ainda não hegemônica parecem não ser exclusividade da Educação Física, como bem nos chamaram a atenção González e Fensterseifer (2009), mas um problema generalizado entre os diversos componentes curriculares.

> Há um avanço nas concepções dos professores em relação a função da escola e o papel do currículo e o seu trabalho na sua área de conhecimento, é..., a situação não é satisfatória no sentido, 'olha fizemos o que deveria fazer, está ótimo...'.Não!Nós estamos em processo e há professores que avançaram mais e há professores um pouco mais resistentes, e que não querem sair da sua área de conforto. (Diretor)

> Temos o papel do professor que tem que sair dessa condição de marasmo, de simplesmente ter essa visão muito repetitiva de reprodução, de exposição e fazer com que todas as estruturas midiáticas, as ferramentas disponíveis, esse conhecimento inter-relacional, passem a ser colocados em prática e o professor passa a ser extremamente importante nessa mudança. Se professores não começarem a buscar essa mudança, a se cercar de situações que faça com que ele perceba a necessidade dessa mudança, ele vai continuar fazendo a mesma coisa, utilizando talvez ferramentas novas, mas usando os mesmos princípios de aula fazendo com que os avanços na aprendizagem sejam muito, muito reduzidos. (M2)

Deste modo, pelas falas acima, vê-se que as relações imbricadas entre o papel da família, da instituição, dos estudantes e até mesmo do professor precisam estar bem compreendidas para que haja sucesso coletivo. A mudança para a melhora das aprendizagens precisa estar acompanhada das ações de cada um desses polos, pois, se há a culpabilização do professor apenas, as chances de êxito são limitadas.

Se há interferência de uma avaliação externa, é preciso discutir até onde está acontecendo essa influência. Para isso, é preciso reconhecer, também, os avanços que tal forma de pensar a avaliação fornece para a transformação da realidade escolar em favor de quem mais importa: o indivíduo em formação.

É muito válido perceber que há realidades em que a gestão escolar e a pedagógica conhecem e apoiam práticas de Educação Física que avançam para além do mero fazer físico e contribuem para uma formação ampliada dos indivíduos nas especificidades das práticas corporais. Isso por entendermos a importância que é dada a inclusão da área em uma avaliação externa, mas também reconhecendo o papel social da escola.

Se há todo um movimento na escola nesse sentido, é esperado que as práticas fossem modificadas\influenciadas por esse movimento, e as experiências precisam ser divulgadas. Assim sendo, continuamos nossa análise sobre essa realidade descrevendo uma unidade didática, através de observações das aulas, e é isso que faremos no próximo tópico.

7.3 AS EXPERIÊNCIAS NAS AULAS DE EDUCAÇÃO FÍSICA

Para o desenvolvimento das aulas de Educação Física na escola-campo, o tempo de aula semanal é de uma hora/aula e o módulo, nessa instituição, é bimestral, tendo um total de 8 aulas em cada série. Como, nesse período, tivemos um feriado e uma semana reservada para avaliação do conjunto de componentes curriculares, em que os alunos são liberados após responderem as provas, sem haver aulas, então, chegamos ao número de 6 (seis) aulas em cada série durante o período de observações. Lembramos que a não ocorrência de duas das oito aulas estava prevista no calendário escolar para essa unidade didática.

A unidade didática escolhida coincidiu com o período de organização dos Jogos Internos do Ensino Médio, competição esportiva organizada pelos e para os alunos do referido segmento de ensino. Nesse contexto, perdemos mais três aulas durante a unidade: uma para a organização dos jogos, compreendendo etapas como a inscrição, a organização da tabela de partidas, pedido de camisas etc.; uma aula para a abertura dos Jogos, que ocorreu pela manhã no dia em que há aula de Educação Física; e uma por conta dos próprios jogos, o que não estava previsto inicialmente, mas, por conta da não utilização de um dia de jogos na tabela (por conta de chuvas torrenciais que caíram na cidade).

Como não havia espaço para reposição de aulas no fim do semestre, normalmente muito complicado por conta das avaliações, acertamos que faríamos as reposições no início do mês de agosto, na volta às aulas. Portanto, realizamos 3 (três) observações entre os meses de maio e junho e mais 3 (três) observações na primeira quinzena de agosto, repondo as aulas que foram suprimidas durante a unidade formal, contemplando, assim, as 6 (seis) observações previstas.

Durante uma unidade didática, tivemos observadoras que acompanharam as aulas, procurando evidenciar como se efetivava, na prática pedagógica, o trato com o conhecimento relativo à Educação Física e como este se relacionava ao ENEM. Essas aulas foram observadas com base em um roteiro de observação (APÊNDICE D) construído e apresentado previamente às observadoras. Foram construídos relatórios de observação, e, os quais analisamos, correlacionando-os com os planos de ensino, os planos de aula e com a realidade do que se estava tratando.

Com o intuito de se analisar as experiências da prática, foram construídos quadros contendo um recorte dos planos de ensino, por série, da escola estudada em que se evidenciam as competências e habilidades a serem trabalhadas, bem como os conteúdos destacados para a unidade didática (nominada na escola por "módulo"). Outros quadros construídos remetem a um resumo da unidade didática em si, contendo o número da aula, o conteúdo da mesma, o tema e um breve resumo do que ocorreu na aula.

Por se tratar do 2º Módulo da 1ª Etapa, o que corresponde a uma 2ª unidade didática no 1º semestre, o tema da Cultura Corporal trabalhado foi o Esporte, havendo diferenças entre uma série e outra pelo nível de complexidade e pela escolha de uma modalidade específica no 2º ano (atletismo), enquanto, que no 1º ano, discutiu-se o fenômeno Esporte de uma forma mais geral.

Assim, procuramos evidenciar o tema Esporte, partindo do conhecimento prévio dos estudantes, seguido da vivência do conteúdo definido para as aulas e fechando a aula com um debate acerca do que foi tratado. Nesse encerramento da aula, há a solicitação de alguma tarefa/reflexão para a aula seguinte, de modo que o estudante faça a conexão entre a aula anterior, a aula atual e a aula futura.

A ideia é que o conhecimento não seja tratado de forma estanque, como um fim em si mesmo, ou como um conteúdo para uma avaliação específica. O aluno expõe o que já conhece, vivencia o conteúdo, discute, ressignifica e reflete sobre novos modelos de prática.

Quadro 14: Recorte do plano de ensino da escola estudada referente ao 1º ano do Ensino Médio – tema "Esporte".

Competências	Habilidades	Conteúdos
Competência de área 3 – Compreender e usar a linguagem corporal como relevante para a própria vida, integradora social e formadora da identidade.	H9 – Reconhecer as manifestações corporais de movimento como originárias de necessidades cotidianas de um grupo social; H10 – Reconhecer a necessidade de transformação de hábitos corporais em função das necessidades cinestésicas; H11 – Reconhecer a linguagem corporal como meio de interação social, considerando os limites de desempenho e as alternativas de adaptação para diferentes indivíduos.	• Possibilidades de utilização do tema esporte em espaços e tempos escolares e extraescolares; • Aspectos organizacionais para a prática esportiva enquanto espaço democrático de vivência; • Aspectos e regras com vistas ao conhecimento, interpretação e criação de novos modelos de prática; • Participação em eventos esportivos inseridos no projeto político pedagógico da escola, com ênfase na ludicidade.

De acordo com o estabelecido no plano de ensino para o 1º ano do Ensino Médio, acerca do tema Esporte, o cronograma de aulas vivenciado durante esse módulo foi o seguinte:

Quadro 15: Cronograma de aulas de acordo com plano de ensino durante o II Módulo no 1º ano do Ensino Médio.

Aula Nº	Conteúdo	Tema	Resumo da aula
1	Esporte e relações de gênero: interfaces com a ludicidade.	Esporte	Vivência lúdica da modalidade esportiva futsal com estudantes dispostos em duplas, de mãos dadas. Discussão de estratégias para modificação do jogo e sobre meninos x meninas durante as atividades. Solicitação de produção de texto sobre a experiência na aula.
2	Esporte, ludicidade e relações de gênero: revisitando para produção textual.	Esporte	Alunos dispostos em trios para leitura e discussão dos textos produzidos acerca da aula anterior. Segue-se com debate no grande grupo sobre os pontos observados no texto: ludicidade e relações de gênero. Solicitação de nova produção textual com inferências do que foi discutido em aula.
3	Esporte em espaços escolares e extraescolares	Esporte	Leitura coletiva de um texto didático sobre o conteúdo da aula e aula expositiva com problematização sobre as várias possibilidades de manifestação do esporte, seja em ambientes escolares ou extraescolares.
4	O esporte de rendimento: vivenciar para compreender.	Esporte	Vivência da modalidade esportiva voleibol caracterizada em uma perspectiva de rendimento, de treinamento, com vistas à problematização dessa manifestação de esporte extraescolar, e consequente discussão.
5	O esporte como conteúdo de aulas de Educação Física: vivenciar para compreender.	Esporte	Vivência da modalidade esportiva handebol caracterizada em uma perspectiva de conteúdo de aulas de Educação Física no intuito de problematizar essa manifestação de esporte escolar com consequente discussão.
6	Esporte: novos modelos de prática.	Esporte	Discussão sobre as duas aulas anteriores e formação de grupos para elaboração de novas atividades sobre o tema Esporte. Apresentação das atividades elaboradas pelos grupos ao grande grupo.

Por ser a série de entrada no Ensino Médio e por a escola analisada receber alunos de outras instituições de ensino nessa série, visões diferentes de esporte permeavam as discussões iniciais de aulas. O professor teve, então, que utilizar a sensibilidade de não apenas elencar aqueles temas/conteúdos que são obrigatórios para os estudantes, mas perceber as reais necessidades dos mesmos a serem respondidas pelas práticas corporais.

> Mesmo sabendo que a educação física é componente curricular, com conteúdos específicos a ser desenvolvidos no cotidiano da escola, ficam inquietações acerca de quais conteúdos são trabalhados e como os profissionais elegem os conteúdos que sejam legítimos para o trato pedagógico. (MIRANDA, LARA & RINALDI, p. 624)

Essa preocupação enseja não apenas na escolha deste ou daquele conteúdo, mas também como se trata determinado conhecimento frente às condições do grupo classe. Em um desses debates, ficou evidente a ideia, para muitos, de que meninos e meninas teriam dificuldade de praticar esportes juntos, seja por sua condição física, seja por questões culturais (definidas por alguns como "gosto" ou "habilidade"). Iniciamos, então, o módulo com uma vivência que delimitasse a necessidade de um depender do outro no desenvolvimento da atividade, o que alguns denominaram de futsal de pares mistos.

> No primeiro momento da aula, estavam dispostos em um círculo, no qual o professor fez a exposição do novo conteúdo que seria trabalho em sala e propôs a atividade de casa como também a atividade/objetivo do dia, de forma que os estudantes não receberam muito bem o conteúdo proposto. Como forma de lidar com esta questão metodológica, o professor indagou os estudantes de como foram às experiências anteriores com o futsal. Logo em seguida os estudantes vivenciaram a primeira atividade da maneira proposta pelo professor em grupos divididos pelo número um (1) e dois (2), assim como a alteração, deles próprios dividirem as duplas. Contudo, tinha muitas pessoas na quadra e poucos jogavam, o que foi observado durante o segundo momento na reflexão da atividade. Além disso, o professor percebeu que muitos meninos estavam puxando o braço das meninas. (OBSERVADORA 2)

Ao poderem se movimentar apenas de mãos dadas, e, preferencialmente, formando duplas de indivíduos com gêneros diferentes (menino com menina), os alunos puderam perceber as relações entre desempenho, cooperação, competitividade e ludicidade e refletiram sobre como poderiam modificar a prática para evidenciar a participação e envolvimento daqueles ou daquelas que estavam mais apartados do jogo. Para além disso, o encerramento da aula evidenciou a questão de gênero como preponderante nas práticas esportivas.

> Nesta discussão final, foi percebido que as falas dos estudantes revelam uma autoimagem, uma dificuldade deles permanecerem juntos, que todos ficaram em cima de uma bola. De maneira geral, as meninas percebem que os meninos levam muito a sério o jogo e por isso elas tem receio de jogar com os eles, mas que todos são favoráveis a grupos mistos. Ao serem cobrados quanto a uma produção textual narrando sua experiência na aula, os alunos puderam repensar sua atuação quanto a dois aspectos: a presença da ludicidade no esporte e as relações de gênero. (OBSERVADORA 2)

> Esta turma perguntou bastante ao professor, questionaram as diferenças de gênero no esporte e nos espaços sociais, dando exemplos como as situações escolares relativas ao esporte na escola e também a partir de suas vivências. Houve dificuldade de tempo, pois as discussões se alongaram (o que foi muito bom) e com isso o professor direcionou para continuarem o debate para a aula seguinte. (OBSERVADORA 1)

Discutir sobre essas questões ganhou importância por problematizar como meninos e meninas lidam com seus corpos nas situações de práticas corporais. Saraiva (2002, p. 83) afirma que a EF deve refletir sobre a "[...] importância do papel dos (as) professores (as) na problematização e vivência das questões de gênero, na prática pedagógica, junto aos seus alunos/as. E, para isso, eles (as) próprios (as) precisam estar esclarecidos".

Jesus e Devide (2006) relatam a dificuldade de compreensão do porquê de se separarem gêneros em aulas de Educação Física. Evidenciar tal separação por questões biológicas é um equívoco por parte dos docentes e deve ser corrigido, levando-se em consideração uma formação ampliada dos indivíduos.

> Se os corpos de alunos e alunas estão juntos nas salas de aula, também poderiam compartilhar juntos o espaço da EFe. Nas aulas de EFe nas quais o docente esteja preocupado com a educação integral de seus alunos, não se justifica a separação dos sexos, impedindo alunos e alunas de se desenvolverem e aprenderem a conviverem juntos, respeitando-se mutuamente.

> Se a aula de Efe não é uma sessão de treinamento esportivo, a separação dos sexos não pode ser pautada sobre as bases biológicas, tais como diferenças de habilidade motora ou força entre alunos e alunas (SARAIVA, 1999). Questões sociais, culturais e históricas também influenciam as práticas de separação e devem ser consideradas pelos docentes. (p. 126)

Na Matriz de Referência do ENEM, em particular, nos Objetos de conhecimento a serem cobrados no exame, há referência às questões do corpo tais como *mitos e verdades sobre os corpos masculino e feminino na sociedade atual* e *o corpo no mundo dos símbolos e como produção da cultura*. Portanto, levar em consideração esses aspectos também é uma forma de contribuir na formação dos estudantes, fazendo as relações das vivências escolares e dos conhecimentos construídos nela com o ENEM, mesmo que não se mencione diretamente que se tratou do objetivo da aula.

Como mencionamos a partir de Jesus e Devide (2006) e Saraiva (2002), essas temáticas relativas ao corpo e suas relações com as questões de gênero nas práticas corporais são importantes não por causa de uma prova isoladamente, mas por se entender que o chão da escola é espaço privilegiado para o debate sobre tais questões.

Portanto as discussões durante as aulas levaram em conta esses aspectos. Apareceram em vários momentos falas que abordavam a possibilidade (e, por que não dizer, a necessidade?) de se trabalhar em conjunto com meninos e meninas nas práticas corporais, e, como, ao longo de suas histórias, esses estudantes vivenciaram situações de exclusão e/ou estereótipos com base nas suas constituições corporais. As falas convergiram, então, para a produção coletiva do texto a partir das contribuições de cada um.

Essa produção, ao ser utilizada na aula seguinte, serviu para debates em pequenos grupos, o que ocasionou a contribuição de todos, elevando o nível do debate no grande grupo, pois cada um acrescentava de acordo com seu conhecimento e sua experiência na prática. O professor, ao concluir com a construção de textos, agora em pequenos grupos, direcionou a turma para uma síntese das ideias discutidas no grande grupo, qualificando a escrita e a reflexão sobre a temática. Uma das observadoras sintetizou como aconteceu a aula de maneira didática:

> No primeiro momento ele, o professor, inicia apresentando os objetivos e conteúdos da aula; no segundo, destina um tempo para os alunos para formarem grupos para a leitura e discussão sobre o tema e no terceiro reúne os grupos e solicita sistematizar uma discussão sobre as leituras e vivências.

> O professor busca reconhecer manifestações do conteúdo com a vida de cada aluno, considerando as experiências e revelando sempre informações que geram reflexão para os alunos. (OBSERVADORA 1)

Em continuidade, na aula seguinte os estudantes tiveram acesso a um texto didático sobre as manifestações do esporte em ambientes escolares e extraescolares, construindo coletivamente uma esquematização representativa das formas e locais em que o esporte se manifesta, com vivência de duas possibilidades nas aulas seguintes: o esporte de rendimento (extraescolar) e o esporte como conteúdo da Educação Física (escolar).

Aqui também vemos presentes conhecimentos postos na Matriz de Referência do ENEM, tais como *performance corporal e identidades juvenis, possibilidades de vivência crítica e emancipada do lazer, práticas corporais e autonomia e o esporte*. Ao se tratar sobre as formas evidenciadas de esporte, os estudantes encontraram-se em um momento de reflexão sobre tais práticas e deram significado a elas. Nesse contexto, possuíram condições de transpor a temática Esporte para além da escola, e, assim sendo, desenvolveram autonomia e criticidade sobre tal temática.

Vivenciar essas duas formas possibilitou o confronto entre características e objetivos de cada manifestação e discussões que evidenciavam, ora, uma perspectiva de senso comum acerca do Esporte, ora um rememorar do texto anteriormente lido em sala de aula.

> O professor iniciou a aula problematizando as questões relativas a última aula com o debate sobre a perspectiva do esporte e suas dimensões, apresentando na sequencia os objetivos e conteúdos da aula. Ainda no primeiro momento o professor, explicou como se daria a aula e dividiu os alunos em grupos que iriam vivenciar alguns procedimentos técnicos do voleibol. Esses procedimentos exigiam dos alunos técnicas e desafios e desse modo o professor direcionou a aula numa perspectiva de alto rendimento. Ao final foi discutido sobre os sentimentos e sensações vivenciados pelos alunos (as) naquela situação e se esta cabe para uma aula de educação física. (OBSERVADORA 1)

De início, um conflito tomou conta da discussão para começo da aula, fato narrado por uma das observadoras:

> No primeiro momento da aula, os estudantes estavam dispostos em um círculo, no qual o professor fez a exposição do conteúdo que seria trabalho naquele dia. Logo em seguida os estudantes vivenciaram a primeira atividade. Vale ressaltar que antes da primeira atividade iniciar, os estudantes já estavam preocupados com o fato de ser "vôlei" e não "saberem jogar" (fala dos estudantes). Mas o professor os tranquilizou falando a respeito da vivencia da atividade e dos diferentes níveis de voleibol existentes na turma. (OBSERVADORA 2)

Nessa lógica, os estudantes puderam vivenciar duas perspectivas diferentes de trato com o mesmo conhecimento: o esporte na perspectiva do alto rendimento e na perspectiva de uma aula de EF Escolar.

> Os alunos perceberam as reais diferenças entre uma aula de educação física na perspectiva do alto rendimento apresentando assim as características deste tipo de aula, tais como o medo, a superação e a exigência que há no alto rendimento. Com os questionamentos do professor, houve um bom debate acerca das diferenças do alto rendimento e de seus desafios. O professor esclareceu ainda mais neste momento as diferenças para uma aula de educação física escolar numa outra perspectiva. Além disso, o professor indicou como a aula seguinte iria acontecer. (OBSERVADORA 1)

Stigger (2009) traz uma reflexão a partir da possibilidade de vivência, no contexto educacional, da diversidade cultural com o que o esporte já se expressa na realidade social.

> Com base em resultados de uma investigação desenvolvida no lazer e tentando mostrar que pessoas comuns são capazes de viver o esporte de diversas formas, sentidos e significados, não apenas reproduzindo a lógica hegemônica do esporte de rendimento, perguntei: se é possível a transformação do esporte no âmbito do lazer, porque não seria possível fazer o mesmo no contexto educacional da escola? (p. 197).

Tal problemática é evidenciada nas aulas a partir do momento em que os estudantes não somente refletem, mas constroem novos modelos de prática do esporte, partindo do que já vivenciaram, buscando elementos do próprio esporte para ressignificá-lo.

Pensando sobre esses modelos de prática, é preciso reconhecer o papel da competividade no esporte e como essa competitividade parece definir, por vezes, a forma como o esporte se evidencia.

> Quando as categorias rendimento e busca de resultados são motivos de discussão, destaca-se que elas estão sempre presentes nos universos esportivos do lazer, já que "ninguém joga para perder"; contudo, deprecia-se que nem sempre elas são centrais e nem valores fundamentais nas dinâmicas sociais de grupos de praticantes. (STIGGER, 2009, p. 199)

Aquilo para que o autor chama a atenção, portanto, é que nem somente da competitividade vive o esporte. Baseando-se em um estudo etnográfico de Thomassim (2007) sobre o futebol praticado por crianças na periferia urbana, Stigger (2009) descreve que não era apenas "a lógica meritocrática, vinculada à capacidade de produção corporal e à busca do resultado, que conduzia as relações entre os praticantes" (p.201).

Muitas vezes, a formação das equipes levava em consideração aspectos como afinidades, amizade, parentesco, dentre outros que fugiam da lógica de escolher os melhores. Até mesmo os que se consideravam como ruins de bola tinham acesso ao jogo e à sua vez de escolher, sendo, portanto os donos do time. Tais situações nos remetem a pensar que as várias formas de se praticar o esporte têm conexões com a realidade social em suas variadas facetas, não admitindo, portanto, reduzi-lo aos aspectos competitivos ao extremo do esporte de rendimento.

O encerramento da unidade didática se deu com a elaboração, por parte dos alunos, de novos modelos de prática. Já de posse dos conhecimentos tratados, e com vivências práticas, os alunos foram instigados a produzirem, em organização de aula, atividades esportivas voltadas para o grupo-classe.

> O professor organizou os grupos para apresentarem suas construções os quais se organizaram e realizaram sob mediação do professor. Houve resgate do conteúdo anterior no inicio da aula e breve discussão sobre as construções que foram feitas. Os alunos se sentiram bem desafiados e com isso colocaram muita criatividade nas atividades que realizaram além de empenho em explicar e organizar todo o andamento da tarefa. (OBSERVADORA 1)

As produções dos pequenos grupos demonstraram, claramente, o avanço quanto ao conhecimento tratado, pois os alunos materializaram as discussões/reflexões realizadas durante a unidade em forma de atividades planejadas contendo a temática do Esporte.

No 2º ano, por já terem vivenciado essa discussão do esporte como fenômeno no 1º ano, temos a escolha pela vivência de uma modalidade específica como forma de aprofundamento e ampliação do nível de trato com o conhecimento Esporte. Como, classicamente, os alunos vivenciam as quatro modalidades esportivas mais conhecidas na escola, como o voleibol, o handebol, o futsal e o basquete, a escolha deu-se por uma modalidade esportiva individual, neste caso, o atletismo.

Inicialmente, houve questionamento sobre as condições de instalações físicas e de material para o trato com o conteúdo Atletismo. Betti (1999) chama atenção para o quanto o próprio professor impõe barreiras quanto à utilização de espaços ao questionar o trato do conhecimento esporte nas aulas em escolas que não têm todas as instalações possíveis.

> a restrição a que se impõe o próprio professor é, muitas vezes, o maior empecilho à prática. Isto ocorre justamente pela associação aula de Educação Física/Esporte, ou seja, o professor sempre imagina uma aula na quadra, com bolas oficiais, etc. Quando isto não existe na escola, ou quando a quadra não pode ser utilizada, a aula termina (p. 29).

Pensar a prática do atletismo como algo que exige uma pista oficial, com marcações oficiais ou mesmo caixas de areia, camas para salto em altura etc. é restringir uma prática esportiva a elementos do alto rendimento e, portanto, excluí-la das realidades em que não se possuem tais instalações. Nesse ínterim, o professor trouxe elementos que fizeram os estudantes repensarem a prática do atletismo apenas como representação da prática competitiva formal, hegemônica, por esta adequar-se às competições vistas na mídia.

Quanto aos materiais, a autora também aborda a limitação do professor como barreira maior ao desenvolvimento dos esportes.

> Poucos são os professores que procuram utilizar outros materiais, diferentes dos convencionais nas aulas. Isto define, inclusive, o tipo de conteúdo a ser desenvolvido. Se uma escola possui apenas bolas de basquetebol, o conteúdo girará somente em torno deste esporte. Embora isto inviabilize alguns conteúdos esportivos, não impossibilita outros (BETTI, 1999, p. 29).

O que se percebe é que a limitação imposta ao trato com um esporte, seja ele qual for, não é tanto do quanto de material e instalações temos, mas da disposição do professor em adaptar materiais e espaços para a prática esportiva na escola. Obviamente que isso não desobriga as escolas e o poder público de investir em tais elementos, mas deve-se ter em mente que a luta por melhores condições não deve desobrigar o professor de tratar o conhecimento esporte enquanto não possui as condições desejáveis.

Para além disso, ao pensarmos no atletismo, devemos também compreender que não é necessário ter as condições materiais e de espaço do alto rendimento. Deve-se pensar nas alternativas para que os estudantes tenham acesso a uma prática de qualidade e relevância social, sem necessariamente recorrer à sofisticação das provas competitivas oficiais. Betti (1999) também traz essa contribuição ao tratar dos materiais adaptados às aulas de atletismo:

> A falta de barreiras, colchões e pesos impedem a aplicação de todos as provas. Isto também pode ser superado pela utilização de barreiras confeccionadas com latas, cimento e cabos de vassoura, colchões com pneus, e pesos feitos de areia e tecido. Cabos de vassoura cortados em pequenos pedaços se transformam em excelentes bastões para revezamento (p. 29)

Se pensarmos nas provas do ENEM, esse debate gerado entre os estudantes também é passível de cobrança em forma de questões. Isso está posto porque, pensando na prática do esporte no âmbito do lazer também, podemos ter dificuldades quanto aos espaços em parques e praças públicas, bem como acesso a equipamentos e materiais para essa prática. Nesse contexto, ganhou notável relevância discutir tais aspectos, pois se compreendeu o papel de lutas por melhores condições sem deixar a prática de lado por não se possuírem as condições desejáveis no momento.

Debatida essa primeira dificuldade e sinalizada a utilização dos espaços possíveis na escola e o uso de materiais alternativos, chegamos a um consenso na construção do planejamento de ensino junto à mediação pedagógica do Ensino Médio.

Quadro 16: Recorte do plano de ensino da escola referente ao 2º ano do Ensino Médio – tema "Esporte".

Competências	Habilidades	Conteúdos
Competência de área 3 – Compreender e usar a linguagem corporal como relevante para a própria vida, integradora social e formadora da identidade.	H9 – Reconhecer as manifestações corporais de movimento como originárias de necessidades cotidianas de um grupo social. H10 – Reconhecer a necessidade de transformação de hábitos corporais em função das necessidades cinestésicas. H11 – Reconhecer a linguagem corporal como meio de interação social, considerando os limites de desempenho e as alternativas de adaptação para diferentes indivíduos.	- O esporte individual Atletismo: experiências práticas e diferentes possibilidades de ação corporal; - Identificação do caráter competitivo do esporte compreendendo a vitória e a derrota, como parte integrante de sua vivência social; - Participação em eventos esportivos inseridos no projeto político pedagógico da escola, com ênfase na ludicidade.

De acordo com o estabelecido no plano de ensino para o 2º ano do Ensino Médio acerca do tema Esporte e pela escolha do Atletismo como modalidade a ser aprofundada, era preciso resgatar o que os estudantes conheciam e que tinha relação com essa modalidade, não tão vivenciada no meio escolar por questões estruturais, bem como pensar estratégias para aqueles que porventura não tiveram possibilidades de contato com esse esporte. Assim sendo, o cronograma de aulas trabalhado durante este módulo foi o seguinte:

Quadro 17: Cronograma de aulas de acordo com plano de ensino durante o II Módulo no 2º ano do Ensino Médio.

Aula Nº	Conteúdo	Tema	Resumo da aula
1	Esporte e relações de gênero: interfaces com a competitividade através das corridas de velocidade	Esporte	Vivência das corridas de velocidade (rasas) para compreensão da competitividade e das relações de gênero a partir das corridas de estafetas. Solicitação de produção de texto sobre a experiência na aula.
2	Esporte, competitividade e relações de gênero: revisitando para produção textual.	Esporte	Alunos dispostos em trios para leitura e discussão dos textos produzidos acerca da aula anterior. Segue-se com debate no grande grupo sobre os pontos observados no texto: competitividade e relações de gênero. Solicitação de nova produção textual com inferências do que foi discutido em aula.
3	História, evolução e modalidades do atletismo.	Esporte	Leitura coletiva de um texto didático sobre o conteúdo da aula e aula expositiva com problematização sobre as várias modalidades do Atletismo, rememorando sua história e evolução.
4	Corridas com barreiras, com obstáculos e de revezamento.	Esporte	Vivência das corridas com barreiras, com obstáculos e de revezamento através de corridas de estafetas e com materiais alternativos (não oficiais).
5	Corridas com barreiras, com obstáculos e de revezamento.	Esporte	Construção, em pequenos grupos, de atividades a partir da aula anterior. Apresentação, para o grande grupo, das ideias e discussão sobre materiais necessários e organização para a próxima aula. Escrita do plano contendo as atividades construídas.
6	Corridas com barreiras, com obstáculos e de revezamento.	Esporte	Entrega do plano de atividades e apresentação dos pequenos grupos das atividades construídas na aula anterior para a vivência pelo grande grupo.

Metodologicamente, não seria possível utilizar as formas tradicionais e oficiais do atletismo nas aulas, então inicialmente foram realizadas corridas de estafeta com o objetivo de tornar claro para os alunos a possibilidade de se tratar dessa modalidade sem o aparato oficial. Abordar a competitividade a relacionando com as discussões de gênero levou a debates mais aprofundados sobre como meninos e meninas se portam diante de uma modalidade que ora exige tanto da explosão muscular, ora exige resistência física.

Produzir textos, individualmente, discuti-los em pequenos grupos, no grande grupo, e produzir novamente textos, dessa vez, em grupos, tornou-se uma experiência rica na contextualização dessas temáticas no esporte, rememorando e problematizando aspectos do cotidiano dos estudantes. A Observadora 1 destaca a importância do processo de leitura e da retomada a todo o tempo das ações vivenciadas.

> O professor inicia os objetivos da aula e divide a mesma em momentos que representam inicio, meio e fim de modo articulado. Divide grupos para lerem os textos organizados por ele e retomando as ações com os alunos durante todo o processo. O professor busca problematizar o tema da aula ao inicia-la, o que faz com que os alunos tenham curiosidade em articular o que sabem ou ouviram acerca do tema. Desse modo, o professor utiliza muito bem as informações dos alunos para enriquecer o conhecimento do conteúdo. (OBSERVADORA 1)

No que concerne à leitura, ela ganha importância uma mudança de postura em relação à EF. Considerar que a área trata apenas do "saber fazer" é um equívoco que pode ser superado pela utilização de fontes escritas, denotando a existência de conhecimento sistematizado pela EF no que tange às práticas corporais.

> Na perspectiva da necessária mudança de paradigma, a Educação Física também ainda precisa vencer as dissociações, as super-especializações, tão debatidas, no entanto em algumas realidades ainda presentes na lógica das aulas, onde seu conhecimento, nesses casos tratado apenas na ótica da prática do movimento, negligencia a sua diversidade, a sua complexidade e a sua multidimensionalidade, tanto quanto nos parece negar que este conhecimento também possa encontrar em fontes escritas mais um caminho necessário para sua apropriação. Fonte esta, que se mostra propícia à promoção da reflexão, á criatividade, através da investigação, da pesquisa da produção cultural e intelectual, desde que o professor tenha a intenção de dar a ela esse caráter pedagógico. (PAULA, 2003, p. 30)

Segundo a autora, quando o professor não recorre a fontes escritas, prende o estudante a uma única visão de mundo, a sua, não lhe permitindo abrir o leque de oportunidades de acesso ao conhecimento por diversas óticas, dificultando a viabilização da discussão e, consequentemente, de se chegar à complexidade.

> o compromisso dessa disciplina com a construção da escola democrática e com a formação para a cidadania fica pervertido, na medida em que estão inviabilizadas as possibilidades de se realizar consultas a variadas fontes de uma mesma temática, inviabilizando a contraposição de ideias, o posicionamento por algumas perspectivas e não outras, o que ocasiona estímulo a simples reprodução do conhecimento, sem o envolvimento construtor ou reconstrutor do saber, requisito indispensável para a formação da autonomia. (PAULA, 2003, p.31)

Destacamos, porém, que a leitura de um texto não pode se encerrar nela mesma. É preciso conectar o conhecimento adquirido com a leitura ao conhecimento vivenciado/adquirido nas movimentações experimentadas, sob pena de haver um distanciamento/separação entre teoria e prática, o que poderia, porventura, descaracterizar as especificidades da EF como área de conhecimento.

> Nessa perspectiva, bem como naquela em que se busca diminuir as fronteiras disciplinares, compreendemos que os vários formatos ou gêneros de texto escrito ou não, podem ser utilizados em qualquer disciplina na escola e não seria de outra maneira com a Educação Física. Contudo, vale ressaltar a necessidade de se considerar as especificidades da área, buscando garantir uma continuidade que não permita a separação entre a leitura do texto escrito e do texto manifesto na expressão corporal, próprio dos temas abordados na Educação Física escolar (*idem*, p.34)

Isso podia ser evidenciado, por exemplo, ao se levantar a questão da facilidade de uns e da dificuldade de outros durante as corridas. Os alunos refletiam sobre o que interfere no desempenho de um campeão de uma prova de velocidade, em relação a uma prova de resistência, tudo isso emergindo da prática com mediação do professor, que possuía, no momento, mais conhecimento acerca do que se estava tratando, mas sempre utilizava a problematização a fim de se chegar a uma teoria.

Porém, mais do que discutir questões fisiológicas, emergiam as questões de gênero e a lógica da competição como temáticas da trajetória de vida desses alunos, e isso levava o docente a discutir a partir da realidade, com mediação do conhecimento historicamente e socialmente produzido. Como já mencionado anteriormente, o conteúdo aqui não tem fim em si mesmo, nem é visualizado com vistas a uma prova, mas na ideia do avanço qualitativo do estudante frente ao que se vivenciava na prática.

O que está em evidência aqui, então, é um ensino reflexivo. O estudante não somente executa ordens, comandos, movimentos, mas pensa sobre aquilo que está vivenciando em conexão com outros elementos de sua trajetória de vida. Rangel et al. (2011b) abordam essa perspectiva metodológica com base em estudos diversos sobre o tema (SCHÖN, 1992; PÉREZ-GOMES, 1992).

> O pensamento mais bem elaborado seria a mola impulsionadora de novos pensamentos e reflexões, construindo-se, assim, novas formas de conhecimento sobre o ensino. Basicamente, a proposta de Schön (1992) resume-se a três momentos: o conhecimento na ação; a reflexão na ação; e a reflexão sobre a ação. O conhecimento na ação acontece um pouco antes de o professor iniciar sua aula e é um momento em que reflete sobre as possibilidades humanas e materiais que já possui. Já a reflexão na ação ocorre durante a aula, no instante exato em que está acontecendo, possibilitando ao professor tomar novas decisões sobre os problemas que vão surgindo. Imediatamente após a aula (e durante um certo tempo depois), o professor passa a refletir sobre os acontecimentos da mesma, como tomou decisões, quais poderiam ser diferentes, o que faltou para que a mesma fosse melhor, enfim, o que deu certo ou errado. (RANGEL et al, 2011b, p. 105)

Porém, no contexto analisado neste estudo, a reflexão sobre os acontecimentos antes, durante e após a aula não se dão tão somente pelo professor, mas pelos estudantes também. Faz parte do processo metodológico adotado que estes se envolvam no processo, pois a ideia é de construção de novos modelos de práticas na ação-reflexão-nova ação. Partindo do conhecimento prévio dos estudantes sobre as práticas desenvolvidas e após vivenciarem aquilo que foi proposto pelo professor, as reflexões e debates servem como impulso para a construção dessas novas práticas.

A partir disso, chega-se a uma aula expositiva com leitura de texto didático, ou seja, busca-se referência em material produzido sobre o atletismo, com um saber sistematizado. Há, então, base teórica para o conhecimento das diversas modalidades do atletismo, bem como sua história e seus avanços.

> O professor busca em suas falas dados educacionais, históricos e políticos sobre o tema para iniciar sua discussão, sempre questionando os alunos (as). Solicitou para que alguns alunos lessem o texto para esclarecimento feito por ele, levantando assim questionamentos sobre as diferentes modalidades existentes no atletismo. (OBSERVADORA 1)

Em uma aula expositiva, por vezes, se considera que o estudante não participa tão ativamente, porém a observação dessa aula expositiva deixou claro que não somente o professor falava, mas que o envolvimento do grupo era importante, mesmo que dificuldades tenham sido destacadas.

> A princípio os alunos não participaram, porém com o andamento da aula perguntas foram surgindo mais especificamente sobre o conteúdo e as relações com o esporte atletismo. [...] O tempo foi algo que não ajudou diante das discussões levantadas e da dinâmica que a aula estava exigindo, porém o professor encerrou esclarecendo as maiores dúvidas e direcionando o que faltou ser comentado para a aula seguinte. (OBSERVADORA 1)

Fica evidente, então, o problema do tempo de aula como elemento dificultador do desenvolvimento das discussões, porém, não com prejuízo maior para a consecução dos objetivos da aula. Assim sendo, e corroborando com a ideia de uma avaliação que não é estanque, os questionamentos terminam colaborando para uma vivência problematizadora a partir do conhecimento.

> Sob o uso de questionamentos que rememoram o desenvolvimento da aula, o professor consegue acumular informações dos alunos a respeito da aula ficando evidente que se trata de uma avaliação do conhecimento tratado. (OBSERVADORA 1)

Ao voltar à prática, os alunos vivenciam aquelas que, segundo eles mesmos, seriam as aulas mais prazerosas e diferentes até então: as corridas com obstáculos, com barreiras e de revezamento. É notável que, por não terem, até então, vivenciado esses tipos de corridas em aulas de educação física, há um desafio posto para esses estudantes, e o aspecto da "novidade" é utilizado na perspectiva da ampliação do conhecimento. O docente encaminha atividades que contemplam o conteúdo dessas corridas, trabalhando as técnicas, mas utilizando jogos e corridas de estafeta como estratégias para fugir do mero tecnicismo.

> Os momentos da aula são claramente definidos, onde fica claro que o professor apresenta os objetivos e conteúdo da aula, problematizando e caracterizando os tipos de corridas

> fazendo na sequencia disso vivências sobre as corridas sempre reunindo o grupo para explicar uma e outra atividade com suas relações com o conteúdo. (OBSERVADORA 1)

A partir de problematizações, os alunos vão construindo as ideias do que é necessário para transpor as barreiras e os obstáculos, bem como a passagem do bastão no revezamento, por exemplo. Uma aula é utilizada, então, para a construção em pequenos grupos de atividades contendo as corridas trabalhadas até então, que são apresentadas ao grande grupo para debate sobre quais materiais, espaços e possibilidades de alteração devem ser levados em conta para a consecução de uma aula.

> O professor apresentou os objetivos e conteúdo da aula e dividiu a turma em grupos para organizarem as atividades a serem vivenciadas na aula seguinte. Durante esse processo, o professor agiu auxiliando a turma e sanando dúvidas relativas às construções e uso de recursos para as atividades dos alunos. (OBSERVADORA 1)

Ainda assim, ficou clara a problemática do tempo de aula e de como isso afetou as discussões que emergiram da prática. A Observadora 2 relatou a ausência de discussões importantes no contexto da aula:

> No primeiro momento da aula, os estudantes estavam dispostos em um círculo, no qual o professor fez a exposição do novo conteúdo que seria trabalho em sala e propôs a atividade de casa como também a atividade/objetivo do dia. Logo em seguida os estudantes vivenciaram a primeira atividade da maneira proposta pelo professor, assim como sua posterior alteração com uso da bola. Após a vivência, no segundo momento, o professor identificou "problemas, trapaças que o clima de competição cria" sem uma contextualização, apenas com o que foi apresentado pelas ações do grupo. (OBSERVADORA 2)

Todas as discussões, portanto, levam a um enriquecimento do conteúdo em voga. A partir da vivência de corridas com barreiras, com obstáculos e livre, diversas situações foram evidenciadas e levaram professor e estudantes a refletirem para além da mera exercitação ou do mero conteúdo que estava sendo trabalhado.

Na aula seguinte, cada pequeno grupo apresenta sua microaula, ministrando-a para o grande grupo vivenciá-la, com intervenções do professor e do grupo-classe com vistas a adaptações e/ou melhorias.

> O professor organizou a turma problematizando novamente o tema das corridas e acrescentando informações relativas ao tema, organizando na sequencia os grupos que iriam demonstrar de maneira sistemática suas construções de atividades. Na medida que sentiam dificuldades para organizar os espaços e/ou explicar a atividade pensada, chamavam o professor para esclarecimentos breves. (OBSERVADORA 1)

Nesse contexto, novamente o conhecimento é construído/ampliado de acordo com as vivências e problematizações ocorridas durante as aulas e tratado de acordo com o conteúdo já construído cientificamente, de modo que o aluno não somente executa técnicas do esporte escolhido para a unidade, mas conhece, discute, reflete e cria novos modelos de prática, sem deixar de lado o esporte formalmente sistematizado.

Pensar o trato com o esporte ou qualquer outro tema da Cultura Corporal, na perspectiva da ação-reflexão-nova ação contribuiu, ao longo do trabalho para avançar coletivamente no Ensino Médio no que concerne às práticas corporais. Ao sair da esfera da aula meramente teórica, visando a uma avaliação ou prova, e olhando para a prática como vivência do cotidiano, o conteúdo toma forma a partir da problematização. O aluno participa ativamente do processo e constrói/amplia seu conhecimento sobre a Cultura Corporal historicamente e socialmente produzida. Há um ganho de significado ao deixar de ser uma prática pela prática a partir da ideia de discussão/reflexão sobre o que se está fazendo, mas não partindo para uma mera transmissão de conteúdo pelo conteúdo.

Não é necessário, então, abandonar a quadra ou qualquer espaço de prática para que os alunos tenham êxito em avaliações externas. Podem-se utilizar, sim, e até deve-se, o espaço de sala de aula, textos didáticos, artigos científicos, pesquisa escolar, mas dentro de um planejamento que acrescente à formação desse estudante, não como mera teorização dos temas da Cultura Corporal.

Pensamos que, ao se utilizarem os espaços de prática com a discussão sobre o que se está fazendo, ao unir o conhecimento sistematizado com a realidade dos alunos, damos um salto qualitativo em nossas práticas, contribuindo para a formação de indivíduos mais críticos e que usufruem dos elementos da cultura corporal com mais propriedade. Como consequência, eles terão também condições de analisar a realidade, intervir nela e responder com índices satisfatórios a quaisquer avaliações externas à escola.

O que presenciamos, portanto, ao longo das aulas observadas, relaciona-se com as possibilidades de questões para o ENEM quando o professor consegue sistematizar os conhecimentos durante uma unidade de ensino.

Esse cuidado do professor, a cautela e a sequência lógica do pensamento possibilitam aos estudantes uma aprendizagem de qualidade e uma assimilação dos conhecimentos aprendidos nas aulas em que consequentemente poderão estar preparados para responder as questões das avaliações externas. Trata-se, então, de uma consequência, não de uma finalidade, mas que, evidentemente, a preparação para o exame não se exclui em um trabalho como esse.

8

CONSIDERAÇÕES FINAIS

Perscrutar uma realidade escolar não foi uma tarefa fácil. Seja pelas dificuldades operacionais (problemas com horários das observadoras, problemas com calendário escolar e seus constantes ajustes etc.), seja pela dificuldade de se lidar com uma temática recente, analisar a relação entre o ENEM e as experiências da prática pedagógica em uma escola com reconhecidos resultados foi desafiador porque era preciso, também, ser honesto quanto às falhas e às necessidades de avanços onde ainda se encontravam lacunas.

Trazendo essa discussão para o contexto da Educação Física, na relação desta com avaliações externas, é preciso reconhecer que há avanços a partir da inclusão da disciplina em exames como o ENEM. Somente o fato de termos necessidade de discutir sobre esses pontos já alçou a disciplina a debates e reflexões dos quais ela sempre esteve à margem.

Então, reconhecemos a complexidade do debate, porém afirmamos que o professor de Educação Física não pode se esquivar de sua responsabilidade frente ao conhecimento, frente ao ato avaliativo e a sua participação em todas as instâncias escolares, com vistas à legitimação da disciplina. Compreender esse fenômeno estudando com mais afinco sobre uma realidade em que essas discussões afloram todo o tempo pode nos ajudar a perceber até onde a Educação Física influencia ou é influenciada em suas práticas. Assim, fornecendo esses subsídios aos atores da escola, contribuímos teórico-metodologicamente com a Educação Física em diferentes realidades, fomentando o debate e dando elementos para uma intervenção crítica e efetiva no chão da escola.

Entendemos a dificuldade, ainda latente, dos estudantes em reconhecer que a prática pedagógica da Educação Física não precisa ser alterada por causa de uma avaliação externa, mas também compreendemos que o ENEM faz parte da vida destes, e que, portanto, a disciplina possui, sim, seu papel diante da formação para essa avaliação.

A questão não é ser subserviente a uma autoridade central que define essa prova, mas saber que, preparando os estudantes com o conhecimento de que trata a Cultura Corporal, de forma contextualizada, e crítica, consequentemente, estamos preparando-os para quaisquer formas avaliativas e para a intervenção na realidade nas especificidades desse componente curricular.

Assim, a preocupação não é de uma relação linear entre o que se ensina e o que é cobrado em uma avaliação externa, mas sim um cuidado com o ensinar com qualidade para que os estudantes aprendam com significado para suas vidas o conhecimento de que trata a Educação Física neste segmento de ensino.

Concordamos com Fensterseifer et al. (2013) porque também

> não negamos a dimensão conceitual, que se articula com as dimensões procedimentais e atitudinais na EF, capturável pelos processos de avaliação de larga escala, porém isto não deveria ofuscar o fato de que a experiência/vivência com o movimento/ práticas corporais gera um tipo de conhecimento insubstituível, o qual não pode ser apenas descrito, mas que deve ser provado (no sentido de experimentar), mesmo tendo consciência de que, ao tematizá-los, se elabore um conhecimento conceitual, atendendo a um dos principais propósitos da educação escolar. (p.378)

Ao trabalhar nessa perspectiva, não somente os estudantes são qualificados como também os diversos atores dentro da escola terão um contato diferente com a disciplina, conhecendo-a na riqueza dos seus conhecimentos, e contribuindo no processo de legitimação da Educação Física no currículo escolar.

Perceber que temáticas da saúde, em suas formas isoladas de prevenção e tratamento, entendendo a saúde dissociada do contexto, são recorrentes na prova não nos deve obrigar a trabalhar nessa perspectiva, mas, refletindo sobre essa visão, podemos ampliar a concepção de saúde nos estudantes de modo a contestar o viés ainda dominante em nossa sociedade: a de que a saúde é responsabilidade individual.

Por outro lado, se a Educação Física consegue ampliar as práticas corporais para além da prática esportiva, fazendo conhecidos entre a população escolar outros temas como a ginástica, a dança, o jogo, a luta, ampliaremos o repertório de escolhas conscientes de reconhecimento social de práticas as mais diversas que foram construídas ao longo do tempo pela humanidade. E isso é enriquecer uma vida de movimento que não se encerra na escola, mas conecta o conhecimento científico com a realidade cotidiana, porque, como afirmam González e Fensterseifer (2010),

> os saberes produzidos pela experiência das manifestações corporais não podem ser substituídos pela reflexão conceitual sobre elas, da mesma forma que os conhecimentos originados na vivência da prática não substituem as ferramentas cognitivas fornecidas pelos conceitos. Esses saberes se complementam e, por isso, exigem ser tratados de forma específica e articulados numa proposta de EF escolar. (p.378)

Dar ênfase a esse ponto, para os autores, parece ser um alerta quanto ao ideário de encaixar a EF nos limites de um processo avaliativo, mesmo reconhecendo o significado para a área dessa inclusão nesse processo. Talvez percorrendo esse caminho façamos o que alguns estudantes mencionaram em suas respostas e venhamos a influenciar as avaliações externas por reconhecimento social das práticas corporais, não o inverso.

Os professores de Educação Física e aqueles que lidam com a realidade escolar têm esse papel se corroboram com uma formação integral do ser humano que o considere em suas especificidades, e não pressuponha a formação no Ensino Médio como mera preparação para o mercado de trabalho ou para a continuação dos estudos no nível superior. A escola continua sendo um lócus privilegiado para a discussão sobre esses temas, como espaço democrático de vivência e de formação cidadã.

Por outro lado, como bem concluem Fensterseifer et al. (2013),

> por mais importante e legítimo que consideramos os processos de avaliação, eles devem ser contextualizados, para que suas expectativas não sejam desproporcionais às condições oferecidas. Ao considerar os resultados conquistados precisamos ter sempre presente as variáveis que o produziram, porque não teremos resultados de primeiro mundo com as condições de terceiro mundo. (p. 379)

Por essas razões expostas, ainda continuaremos a aprofundar as análises sobre a problemática deste estudo, buscando fornecer mais elementos que deem sustentação teórica, consistência pedagógica e legitimidade à Educação Física enquanto componente curricular importante para a formação no Ensino Médio, considerando as avaliações externas não como reguladoras do que fazer da EF, mas como problematizadoras a partir das questões conceituais necessárias para a legitimação da área no meio escolar, bem como instrumentos de avaliação da própria prática do professor.

Reconhecemos, como defendem González e Fensterseifer (2014), que a Educação Física encontra-se *entre o não mais e o ainda não*, porém sem deixar de reconhecer (e nem os autores deixam de reconhecer) que os avanços acontecem paulatinamente nas realidades escolares Brasil afora. A própria entrada da Educação Física no ENEM é um avanço considerável se pensarmos na história de exclusão deste componente em avaliações externas.

É preciso deixar claro que uma avaliação com eixo central na discursividade, notadamente a escrita, não permite contemplar a riqueza e variação de aprendizagens que acontecem a partir de e em uma prática corporal. Mas é preciso, também, reconhecer que deixar a EF à margem de uma avaliação que pressupõe verificar as aprendizagens no Ensino Médio tampouco ajuda na percepção desse componente como parte integrante do currículo escolar.

Nesse sentido, afirmamos que o caminho percorrido pela realidade escolar perscrutada por esse estudo pode ainda não ser perfeito, tampouco tem essa prepotência. Mas, como realidade que almeja avançar qualitativamente no trato com o conhecimento concernente às práticas corporais, tratar da ginástica, do jogo, do esporte, das lutas e da dança como manifestações de uma construção histórica e cultural, sem se submeter de forma subserviente a uma autoridade central que dita normas avaliativas, parece ser razoável no que concerne à função social da escolarização.

Abordar essas premissas a partir da ação-reflexão-nova ação trouxe uma contribuição a partir do entendimento de que os estudantes assumiram posturas protagonistas sem excluir ou diminuir o papel do professor durante o processo. Ao se tratar de discussões sobre relações de gênero, por exemplo, não se aprofundava conceitualmente por fora da prática corporal, mas a adentrava e a analisava por dentro de suas especificidades, com temáticas que se aproximavam da realidade dos estudantes e, consequentemente, os preparavam para as avaliações externas. E isso se dá porque os instrumentalizava acerca das práticas corporais e suas relações com o cotidiano dos indivíduos.

Portanto, não foi necessário preparar estudantes para uma prova. Não foi necessário separar aulas com essa finalidade. Não se adotaram discursos prontos de cursinhos preparatórios para exames externos. Apenas houve trato com conhecimento, contextualizado, dinâmico, com atuação direta dos estudantes, e envolvimento dos atores com a finalidade de ampliação do conhecimento sistematizado. Os medos, os fracassos, as falhas do processo apenas serviram/servem como estímulo e aprendizado para que, a cada aula, a cada unidade didática, deem-se saltos qualitativos nas experiências da prática pedagógica relacionadas ao ENEM nessa escola-campo, situada na cidade do Recife/PE.

9
REFERÊNCIAS

AMARAL, L. V.. **Tipos de Pesquisa em Educação Física**. Lecturas Educación Física y Deportes (Buenos Aires), v. 167, p. 1-4, 2012(a).

AMARAL, L. V.; MELO, M. S. T.; MEDEIROS, Flávio Roberto Carneiro de . **Instrumentos de coleta de informações em Pesquisa em Educação Física**. Lecturas Educación Física y Deportes (Buenos Aires), v. 170, p. 1-4, 2012(b).

BARDIN, L. **Análise de Conteúdo**. Lisboa: Edições 70; 1988.

BETTI, I.C.R. Esporte na escola: mas é só isso, professor? **Motriz** – Volume 1, Número 1, 25 -31, junho/1999.

BETTI, M.; ZULIANI, L. R. Educação física escolar: uma proposta de diretrizes pedagógicas. **REMEFE**: Revista Mackenzie de Educação Física e Esporte, São Paulo, v. 1, n.1, p. 73-82, jan./dez. 2002.

BRACHT, V. **Educação física e aprendizagem social**. Porto Alegre: Magister, 1999.

BRASIL. **Lei nº 9.394, de 20 de dezembro de 1996** (LDBEN). *Dispõe sobre as Diretrizes da Educação Básica*. Brasília, 1996. Disponível em: http://www.planalto.gov.br/ccivil_03/leis/l9394. htm - acesso em 15/05/12.

_____. Ministério da Educação (MEC). Secretaria de Educação Fundamental (SEF). **Parâmetros curriculares Nacionais**. Brasília: MEC/SEF, 1997.

_____. **Portaria nº 438, de 28 de maio de 1998**. *Institui o Exame Nacional do Ensino Médio*. Brasília, 1998a.

_____. Instituto Nacional de Estudos e Pesquisas Educacionais Anísio Teixeira (Inep). **Enem**: documento básico. Brasília, 1998b.

_____. Ministério da Educação, Secretaria da Educação Média e Tecnológica. **Parâmetros Curriculares Nacionais**: Ensino Médio / Ministério da Educação. Secretaria de Educação Média e Tecnológica / Brasília: Ministério da Educação, 1999. Disponível em: <http://portal.mec.gov.br/seb/arquivos/pdf/14_24.pdf> Acesso em: 09 nov. 2013.

_____. Ministério da Educação, Secretaria de Educação Média e Tecnológica. **PCN+ Ensino Médio**: orientações curriculares educacionais complementares aos Parâmetros Curriculares Nacionais. Linguagens, Códigos e suas Tecnologias. Brasília: MEC, SEMTEC, 2002. Disponível em: <http://portal.mec.gov.br/seb/arquivos/pdf/linguagens02.pdf> Acesso em: 09 nov. 2013.

_____. **Orientações Curriculares para o Ensino Médio (OCEM)**. Vol. 1. Linguagens, códigos e suas tecnologias. Brasília: Ministério da Educação/Secretaria de Educação Média e Tecnológica, 2006a.

_____. **Orientações Curriculares para o Ensino Médio (OCEM)**. Vol. 2. Ciências da Natureza, Matemática e suas tecnologias. Brasília: Ministério da Educação/Secretaria de Educação Média e Tecnológica, 2006b.

_____. **Orientações Curriculares para o Ensino Médio (OCEM)**. Vol. 3. Ciências Humanas e suas tecnologias. Brasília: Ministério da Educação/Secretaria de Educação Média e Tecnológica, 2006c.

_____. **Exame Nacional do Ensino Médio (Enem)**: fundamentação teórico-metodológica do ENEM. Instituto Nacional de Estudos e Pesquisas Educacionais Anísio Teixeira (INEP). Brasília, 2005.

_____. Instituto Nacional de Estudos e Pesquisas Educacionais Anísio Teixeira (Inep). **Matriz de Referência do Enem**. Brasília, 2009. Disponível em: <http://download.inep.gov.br/educacao_basica/enem/legislacao/2009/portaria_enem_2009_1.pdf>. Acesso em: 09 nov. 2013.

_____. Instituto Nacional de Estudos e Pesquisas Educacionais Anísio Teixeira (Inep). **Indicador de nível socioeconômico (Inse) das escolas** - Nota Técnica. Brasília, 2015a. Disponível em: < http://download.inep.gov.br/>. Acesso em: 09 nov. 2015.

_____. Instituto Nacional de Estudos e Pesquisas Educacionais Anísio Teixeira (Inep). **Indicador de permanência na escola (Ensino Médio)** - Nota Técnica. Brasília, 2015b. Disponível em: < http://download.inep.gov.br/>. Acesso em: 09 nov. 2015.

CELANTE, A. R. **Educação física e cultura corporal**: uma experiência de intervenção pedagógica no Ensino Médio. 2000. 174 f. Dissertação (Mestrado em Educação Física) –Faculdade de Educação Física, Universidade Estadual de Campinas, Campinas, SP, 2000.

CARNEIRO, M.A. **LDB Fácil:** leitura crítico-compreensiva, artigo a artigo. 20. Ed. Petrópolis, RJ: Vozes, 2012.

CAZETTO, F. et al. ENEM e Educação Física, a reversibilidade como conceito relevante ao cotidiano: um relato de experiência sobre a intervenção conceitual em aulas do ensino médio. **Revista Digital - Buenos Aires** - Ano 14 - N° 137 – 2009. Disponível em: http://www.efdeportes.com/efd137/enem-e-educacao-fisica.htm.

CORRÊA, F.O.C. (org.) **Avaliação em larga escala:** questões polêmicas. Brasília: Liber Livro, 2012.

DEMO, P. **A nova LDB:** ranços e avanços. 23. ed. – Campinas, SP: Papirus, 2012.

DIAS, M. G. B.; O Desenvolvimento das Competências que nos Permitem Conhecer. IN: **Enem**: textos teóricos e metodológicos. pp. 9-17. INEP: Brasília, 2009.

FAZENDA, Ivani (org.) **O que é interdisciplinaridade?** São Paulo: Cortez, 2008.

FENSTERSEIFER, P. E.; GONZÁLEZ, F. J.; SCHWENGBER, M. S. V.; PITHAN DA SILVA, S. Educação Física nas avaliações em larga escala brasileiras: balanço e desafios. In: **Avaliações da educação básica em debate**: ensino e matrizes curriculares de referência das avaliações em larga escala. – Brasília: Instituto Nacional de Estudos e Pesquisas Educacionais Anísio Teixeira, 2013. 467 p.

FERNANDES, A. et al. A inserção dos conteúdos de Educação Física no Enem: entre a valorização do componente e as contradições da democracia. IN: Motrivivência, ano XXV, n° 40, pp. 13-24, jun. 2013.

FINI, M.I. Certificação de Competências na Educação de Jovens e Adultos: Fundamentos. cap.l, Certificação de Competências na Educação de Jovens e Adultos: Considerações Gerais. Brasília. MEC/Inep. 2002

GARCIA, Lenise Aparecida Martins Garcia. Competências e Habilidades: você sabe lidar com isso? **Educação e Ciência, Brasília**: Universidade de Brasília. Disponível em: http://uvnt.universidadevirtual.br/ciencias/002.htm. Acesso em: 12 jan. 2005

GIL, A.C. **Como elaborar projetos de pesquisa.** 4. ed. São Paulo: Atlas, 2002.

GONZÁLEZ, F. J.; FENSTERSEIFER, P. E. "Entre o "não mais" e o "ainda não": Pensando saídas do não-lugar da EF escolar I." **Cadernos de Formação RBCE**, Campinas, v. 1, n.1, p. 9-24, set. 2009.

_____. "Entre o "não mais" e o "ainda não": pensando saídas do não-lugar da EF escolar II." **Cadernos de Formação RBCE**, v. 1, n.2, p. 10-21, mar. 2010.

LIRA, G.J.S. **Implicações da inserção da Educação Física no exame nacional do ensino médio**: uma análise dos conteúdos. 2013. Monografia. (Especialização em Educação Física Escolar) – Escola Superior de Educação Física, UPE: 2013.

LOPES, A. C.; LOPEZ, S.B. A performatividade nas políticas de currículo: o caso do Enem. **Educação em Revista**, Belo Horizonte, v26, n.1, abr. 2010.

LUDKE, M. e ANDRÉ, M. E. D. A **Pesquisa em educação: abordagens qualitativas**. São Paulo, 1986.

MARCONI, M. de A.; LAKATOS, E. M. **Fundamentos de metodologia científica**. 7. ed. São Paulo: Atlas, 2010.

MENEZES, R.; VERENGUER, R.C.G. Educação Física no Ensino Médio: o sucesso de uma proposta segundo os alunos. **Revista Mackenzie de Educação Física e Esporte** – 2006, 5 (especial): 99-107.

MINAYO, M. C. D. S. **O desafio do conhecimento**: Pesquisa qualitativa em Saúde. São Paulo; Rio de Janeiro: Hucitec; Abrasco, 1998.

_____; (ORG.). **Pesquisa Social:** teoria, método e criatividade. Petrópolis: Vozes, 2009.

MIRANDA, A. C. M.; LARA, L. M.; RINALDI, I. P. B. A Educação Física no ensino médio: saberes necessários sob a ótica docente. **Motriz, Rio Claro**, v.15 n.3 p.621-630, jul./set. 2009.

MOLINA, R.M.K. O enfoque teórico metodológico qualitativo e o estudo de caso: uma reflexão introdutória. In: TRIVIÑOS, A.N.S; MOLINA NETO, V.; GIL, J.M.S. **A pesquisa qualitativa na educação física**: alternativas metodológicas. 2. ed. Porto Alegre: Sulina, 2004. p. 95-106.

NEVES, J. Pesquisa qualitativa: características, usos e possibilidades. **Caderno de pesquisas em administração, São Paulo**, v. 1, nº 3, 2º Sem./1996.

NOGUEIRA, C. M.; NOGUEIRA, M. A.; A sociologia da educação de Pierre Bourdieu: limites e contribuições. **Educação e Sociedade**. ano XXIII, n.78, abril/2002.

PAULA, M. V. **A utilização de apoio bibliográfico como recurso metodológico para o ensino da Educação Física nos níveis fundamental e médio de escolarização na cidade de Catalão-GO**. 2003. 183f. Dissertação (Mestrado em Educação Física) - Universidade Estadual de Campinas, Faculdade de Educação Física, Campinas, 2003.

PERRENOUD, Philippe. **Dez novas competências para ensinar**. Trad. Patrícia Chittoni Ramos – Porto Alegre: Artmed, 2000.

RANGEL, I.C.A. et al. Os objetivos da Educação Física na escola. IN: DARIDO, S.C. e RANGEL, I.C.A. (coords.) **Educação Física na escola**: implicações para a prática pedagógica. 2. ed. – Rio de Janeiro: Guanabara Koogan, 2011a, p. 37-49.

_____. O ensino reflexivo como perspectiva metodológica. IN: DARIDO, S.C. e RANGEL, I.C.A. (coords.) **Educação Física na escola**: implicações para a prática pedagógica. 2. ed. – Rio de Janeiro: Guanabara Koogan, 2011b, p. 103-121.

RICARDO, E. C. Os Parâmetros Curriculares Nacionais na Formação Inicial dos Professores das Ciências da Natureza e Matemática do Ensino Médio. **Investigações em Ensino de Ciências** – V12(3), pp.339-355, 2007. Disponível em:<http://www.if.ufrgs.br/ienci/artigos/Artigo_ID175/v12_n3_a2007.pdf> Acesso em 18 de Dez. 2012.

ROCHA. A. A. da; RAVALLEC, C. T. G. L. ENEM NOS DOCUMENTOS: uma leitura pós-fundacional da reestruturação do exame em 2009. **Revista e-Curriculum, São Paulo,** v. 12, n. 03 p. 1693 - 2018 out./dez. 2014.

SAMPIERI, ROBERTO HERNÁNDEZ, CARLOS FERNADÉS CALLADO, M. DEL P. B. L. **Metodologia de Pesquisa**. 5a ed. São Paulo: Penso, 2013.

SARAIVA, M. do C. Por que investigar as questões de gênero no âmbito da Educação Física, Esporte e Lazer? **Motrivivência**, v.13, n. 19, p. 79-85, 2002.

SOUSA, S. Z. L. Possíveis impactos das políticas de avaliação no currículo escolar. **Cad. Pesqui.** [online]. 2003, n.119, pp. 175-190.

SOUSA, S. Z. L. de e OLIVEIRA, R. P. de. Políticas de avaliação da educação e quase mercado no Brasil. **Educ. Soc.** [online]. 2003, vol.24, n.84, pp. 873-895.

SOUZA JÚNIOR, O. M.; DARIDO, S. C. As questões de Educação Física no Enem: um divisor de águas ou apenas mais um aspecto? **Motriz, Revista de Educação Física da UNESP**, v. 17, n. 1, suplemento 1, jan. /mar. 2011.

SOUZA JÚNIOR, M.; MELO, M. S. T.; SANTIAGO, M. E. A análise de conteúdo como forma de tratamento dos dados numa pesquisa qualitativa em Educação Física escolar. **Movimento**, v. 16 n. 03, p. 31-49, 2010.

SOUZA JÚNIOR, M.; SANTIAGO, M. E.; MELO, M. S. T. Currículo e saberes escolares: ambiguidades, dúvidas e conflitos; **Pro-Posições**, Campinas, v. 22, n. 1 (64), p. 183-196, jan./abr. 2011.

STAKE, R. E. **A arte da investigação com estudo de caso.** Lisboa, Portugal: Calouste Gulbenkian, 2009.

STIGGER, M. P. Sobre a reapropriação do esporte no contexto escolar: pensando em possibilidades a partir de uma mudança de foco. IN: STIGGER, M.P. e LOVISOLO, H.(orgs.) **Esporte de rendimento e esporte na escola.** – Campinas, SP: Autores Associados, 2009. – (Coleção Educação Física e Esportes) p. 197-203.

THOMAS, J.R.; NELSON, J.K. **Métodos de Pesquisa em Atividade Física.** 3. ed. Porto Alegre: Artmed, 2002.

THOMASSIM, L.E.C. Imagens das crianças da periferia em projetos esportivos. IN: STIGGER, M.P.; GONZÁLEZ, F.J.; SILVEIRA, R. (orgs). **O esporte na cidade**: estudos etnográficos sobre sociabilidades esportivas em espaços urbanos. Porto Alegre, Editora da UFRGS, 2007.

TRIVIÑOS, A. **Introdução à pesquisa em ciências sociais.** São Paulo, Atlas, 1987.

VIANNA, H.M. **Avaliações nacionais em larga escala:** análises e propostas. Estudos em Avaliação Educacional, n.27, jan./jun. 2003.

VIGGIANO, E.; MATTOS, C. O desempenho de estudantes no Enem 2010 em diferentes regiões brasileiras. **Rev. Bras. Estud. Pedagog.**, Brasília, v.94, n.237, ago. 2013.

YIN, R.K. **Estudo de caso**: planejamento e métodos. 3. ed. Porto Alegre: Bookman, 2005.

APÊNDICE A – QUESTIONÁRIO

Atenção: ESTUDANTE

1. As informações fornecidas por você neste questionário servirão para realização do trabalho de conclusão do curso de mestrado em Educação Física do programa Associado de pós-graduação UPE-UFPB.
2. Todos os dados são confidenciais, mas é muito importante que responda com a máxima exatidão e muita sinceridade a este questionário.
3. A aplicação do questionário será realizada uma única vez e o indagado responderá individualmente, na presença do pesquisador.

1. Qual a sua série?
☐ 1º ano ☐ 2º ano ☐ 3º ano

2. Qual o seu gênero?
☐ Masculino ☐ Feminino

3. Qual o seu entendimento sobre a importância das aulas de Educação Física no Ensino Médio?

4. Que conteúdos você considera que devam ser tratados nas aulas de Educação Física?

5. Qual o seu entendimento sobre o ENEM?

6. Você considera importante a Educação Física estar presente no ENEM? Por quê?

7. O fato de a Educação Física estar presente no ENEM deve modificar a forma como a mesma é tratada na escola? Se sim, como? Se não, por quê?

8. Você identifica um anúncio/relação entre o ENEM e os conteúdos tratados nas aulas de Educação Física no Ensino Médio? Como?

APÊNDICE B – ROTEIRO DE ENTREVISTA

> Atenção: COORDENADOR(A) PEDAGÓGICO(A)
>
> 1. As informações fornecidas por você nesta entrevista servirão para realização do trabalho de conclusão do curso de mestrado em Educação Física do programa Associado de pós-graduação UPE-UFPB.
> 2. Todos os dados são confidenciais, mas é muito importante que responda com a máxima exatidão e muita sinceridade a esta entrevista.
> 3. A aplicação do questionário será realizada uma única vez e o indagado responderá individualmente, na presença do pesquisador.

1. Como tem sido o processo de implementação do ensino nessa escola levando em consideração as avaliações externas, notadamente o ENEM? Se há uma importância a essa avaliação, porque ela ocorre?

2. Como tem sido a sua experiência com o conhecimento acerca das avaliações externas, especialmente o ENEM, na sua formação acadêmica (Graduação e pós-graduação). E durante o seu tempo de trabalho nessa escola?

3. Como você caracteriza/entende o Exame Nacional do Ensino Médio?

4. Como você caracteriza/entende a Educação Física no Ensino Médio?

5. De que forma você participa, junto à equipe pedagógica, na elaboração dos planejamentos e adaptações adotadas nas aulas e avaliações dos professores para lidar com tantos conhecimentos em diferentes áreas?

6. Quais são as principais dificuldades encontradas atualmente na escola para lidar com o ENEM de forma geral?

7. A escola oferece algum espaço para a formação continuada dos professores sobre as avaliações externas, especialmente o ENEM? Se sim, como ocorre? Você considera importante ter esse espaço? Por quê?

APÊNDICE C – ROTEIRO DE ENTREVISTA

> Atenção: DIRETOR(A)
>
> 1. As informações fornecidas por você nesta entrevista servirão para realização do trabalho de conclusão do curso de mestrado em Educação Física do programa Associado de pós-graduação UPE-UFPB.
> 2. Todos os dados são confidenciais, mas é muito importante que responda com a máxima exatidão e muita sinceridade a esta entrevista.
> 3. A aplicação do questionário será realizada uma única vez e o indagado responderá individualmente, na presença do pesquisador.

1. Como foi a sua experiência com o conhecimento "avaliação" durante a sua formação acadêmica (Graduação e pós-graduação)?
2. Qual o seu entendimento sobre a importância da Educação Física no Ensino Médio?
3. Qual o seu entendimento sobre a importância da inclusão da Educação Física no ENEM?
4. Como se dá a sua participação na elaboração dos planejamentos e adaptações curriculares nas diferentes disciplinas dessa escola para lidar com as especificidades do ENEM?
5. Há algum tipo de acompanhamento aos professores, por parte da coordenação pedagógica e gestão escolar, para um alinhamento dos planejamentos de ensino em relação ao ENEM? Se sim, como ocorre?
6. Quais são as principais dificuldades encontradas atualmente na escola de maneira geral para o trato com o conhecimento em relação ao ENEM?
7. A escola oferece algum espaço para a formação continuada dos professores sobre as avaliações externas, especialmente o ENEM? Se sim, como ocorre? Você considera importante ter esse espaço? Por quê?

APÊNDICE D – ROTEIRO DE OBSERVAÇÃO

Programa Associado de Pós-Graduação em Educação Física – PAPGEF UPE/UFPB
<u>Área de Concentração</u>: Cultura, Educação e Movimento Humano.
<u>Linha de Pesquisa</u>: Prática Pedagógica e Formação Profissional em Educação Física
<u>Orientador</u>: Prof. Dr. Marcelo Soares Tavares de Melo
<u>Mestrando</u>: Gustavo José Silva de Lira

Roteiro de Observação

1. Existe coerência entre o Plano de Ensino e a aula ministrada?
2. Qual (is) objetivo(s) / conteúdos propostos em aula?
3. Quais recursos didáticos e espaços são utilizados?
4. Como se apresenta a organização didático-metodológica da aula? Explicitar o(s) método(s) utilizado(s) pelo professor(a) para lidar com a abordagem do conteúdo enquanto conhecimento teórico-prático.
5. Como ocorre a relação professor/ aluno no que diz respeito ao conhecimento prévio destes em relação ao tema/conteúdo propost-o para a aula?
6. Como se processam as falas/participações dos alunos em relação ao conhecimento tratado?
7. Quais as dificuldades/dúvidas por parte do(a) professor(a) em lidar com o conteúdo durante a aula?
8. Existiu alguma dificuldade por parte do professor em tratar o conteúdo antes, durante e ao final da aula? Se sim, identificar os procedimentos utilizados pelo professor para solucionar o problema.
9. Quais as dificuldades/dúvidas encontradas por parte dos alunos em lidar com o conhecimento proposto para a aula?
10. Como o professor avalia os conhecimentos tratados na aula?

ANEXO 1

TERMO DE CONFIDENCIALIDADE

Através do presente termo eu, Professor Doutor Marcelo Soares Tavares de Melo, e o pesquisador Prof. Esp. Gustavo José Silva de Lira comprometemo-nos a manter no anonimato, sob sigilo absoluto, todos os dados que identifiquem o sujeito da pesquisa intitulada "A INSERÇÃO DA EDUCAÇÃO FÍSICA NO EXAME NACIONAL DO ENSINO MÉDIO: experiências da prática pedagógica em uma escola da cidade do Recife/PE". Comprometemo-nos também com a destruição, após o término da pesquisa, de todo o material que possa a vir identifica-los, tais como gravações e equivalentes.

Recife, 20 de Novembro de 2015

_____
Prof. Dr. Marcelo Soares Tavares de Melo
Pesquisador Orientador

_____
Prof. Esp. Gustavo José Silva de Lira
Pesquisador

ANEXO 2

CARTA DE ANUÊNCIA

Aceito o pesquisador Gustavo José Silva de Lira pertencente ao Programa Associado de Pós-graduação em Educação Física – PAPGEF UPE/UFPB – curso de Mestrado em Educação Física, a desenvolver sua pesquisa nesta instituição de ensino, intitulada "A INSERÇÃO DA EDUCAÇÃO FÍSICA NO EXAME NACIONAL DO ENSINO MÉDIO: implicações para a prática pedagógica em uma escola da rede particular de ensino da cidade do Recife/PE", sob orientação do Professor Doutor Marcelo Soares Tavares de Melo. Esta pesquisa tem como respectivo objetivo geral investigar como a inclusão de conteúdos de Educação Física no ENEM tem influenciado a prática pedagógica de uma escola particular da cidade do Recife/PE.

Ciente dos objetivos e metodologias da pesquisa acima citada, concedo a anuência para o seu desenvolvimento, desde que sejam assegurados os requisitos abaixo:

- Atendimento a Resolução 466/12 CNS/MS que regulamenta a pesquisa envolvendo seres humanos;
- A garantia de solicitar e receber esclarecimentos antes, durante e depois do desenvolvimento da pesquisa;
- A inexistência de despesa para esta instituição decorrente da sua participação nesta pesquisa;
- A liberdade de anular essa anuência a qualquer momento da pesquisa sem penalização alguma, no caso de descumprimento dos itens acima.

Recife, 30 de outubro de 2015.

ANEXO 3

CARTA DE ANUÊNCIA
Autorização para entrevistas e questionários

Aceito o pesquisador Gustavo José Silva de Lira pertencente ao Programa Associado de Pós-graduação em Educação Física – PAPGEF UPE/UFPB – curso de Mestrado em Educação Física, a desenvolver sua pesquisa nesta instituição de ensino, intitulada "A INSERÇÃO DA EDUCAÇÃO FÍSICA NO EXAME NACIONAL DO ENSINO MÉDIO: implicações para a prática pedagógica em uma escola da rede particular de ensino da cidade do Recife/PE, sob orientação do Professor Doutor Marcelo Soares Tavares de Melo.

Ciente dos objetivos e metodologias da pesquisa acima citada, concedo a anuência para o seu desenvolvimento, *autorizando a participação de funcionários desta escola, professores e gestores pedagógicos*, desde que sejam assegurados os requisitos abaixo:

- Atendimento a Resolução 466/12 CNS/MS que regulamenta a pesquisa envolvendo seres humanos;
- A garantia de solicitar e receber esclarecimentos antes, durante e depois do desenvolvimento da pesquisa;
- A inexistência de despesa para esta instituição decorrente da sua participação nesta pesquisa;
- A liberdade de anular essa anuência a qualquer momento da pesquisa sem penalização alguma, no caso de descumprimento dos itens acima.

Recife, 16 de Março de 2016.

ANEXO 4

COMPLEXO HOSPITALAR HUOC/PROCAPE

PARECER CONSUBSTANCIADO DO CEP

DADOS DO PROJETO DE PESQUISA

Título da Pesquisa: A INSERÇÃO DA EDUCAÇÃO FÍSICA NO EXAME NACIONAL DO ENSINO MÉDIO: EXPERIÊNCIAS DA PRÁTICA PEDAGÓGICA EM UMA ESCOLA DA CIDADE DO RECIFE/PE

Pesquisador: Gustavo José Silva de Lira
Área Temática:
Versão: 2
CAAE: 51416315.1.0000.5192
Instituição Proponente: Escola Superior de Educação Física
Patrocinador Principal: Financiamento Próprio

DADOS DO PARECER

Número do Parecer: 1.476.576

Apresentação do Projeto:

Este estudo tem por objetivo investigar as experiências da prática pedagógica que se relacionam com a inclusão de conteúdos de Educação Física no ENEM em uma escola da cidade do Recife/PE. Para a realização deste trabalho utilizaremos de um estudo de caráter qualitativo caracterizado como um estudo de caso que se dará a partir de uma análise documental, entrevista semi-estruturada a ser gravada em dispositivo de áudio, além
da aplicação de questionários com perguntas abertas e fechadas em uma escola da rede privada de ensino do Recife/PE que possui reconhecimento da sociedade pelos seus resultados no ENEM, atestados pelos índices publicados pelo INEP quanto a esse exame. A análise se
dará de maneira sistemática e para o aprofundamento da análise será solicitada a Proposta Pedagógica da escola e seu Regimento Interno. Com o resultado desta pesquisa poderemos subsidiar o entendimento da inclusão da Educação Física em avaliações externas, especialmente o Exame Nacional do Ensino Médio e as experiências da prática pedagógica que se relacionam com o exame.

Objetivo da Pesquisa:
Objetivo Primário:
Investigar as experiências da prática pedagógica que se relacionam com a inclusão de conteúdos

Endereço: Rua Arnóbio Marques, 310
Bairro: Santo Amaro
UF: PE **Município:** RECIFE **CEP:** 50.100-130
Telefone: (81)3184-1460 **Fax:** (81)3184-1271 **E-mail:** cep_huoc.procape@yahoo.com.br

COMPLEXO HOSPITALAR
HUOC/PROCAPE

Continuação do Parecer: 1.476.576

de Educação Física no ENEM em uma escola da cidade do Recife/PE.

Objetivo Secundário:

Identificar as ideias e concepções de Educação Física dos atores da escola escolhida para a pesquisa: coordenadores, professores, estudantes, direção, bem como o entendimento destes acerca da inserção da Educação Física no ENEM.

Avaliação dos Riscos e Benefícios:

Quanto aos riscos e desconfortos, é necessário destacar que diante dos procedimentos utilizados, questionários e entrevistas, temos como riscos

e/ou desconfortos possíveis associados à dedicação de tempo para participar da pesquisa, podendo desenvolver cansaço físico, bem como

possíveis constrangimentos pela presença de outra(s) pessoa(s) no local e/ou formulação das perguntas, bem como a forma de abordagem do

pesquisador. Em assim sendo, a sala onde acontecerão as entrevistas e/ou aplicação de questionários será escolhida, no ambiente escolar da

instituição pesquisada, conforme o conforto da mesma para o entrevistado/pesquisado e com os cuidados do pesquisador para que a entrevista não

se prolongue em demasia, nem tampouco haja interferência de terceiros. Caso seja necessário será oferecida uma pausa para atender a um

descanso do entrevistado ou alguma necessidade do mesmo. Todos os cuidados éticos serão realizados para garantir seus direitos como sujeito

pesquisado, desde a concepção das perguntas, passando pela forma de abordagem do entrevistador, e por fim tratando os dados com absoluto

cuidado sigiloso e de anonimato. Durante a entrevista, será utilizado gravador com dispositivo de áudio, com intuito de gravar a fala do participante

para em seguida, ser transcrita e analisada. As informações obtidas serão arquivadas no laboratório em um banco de dados, não restando qualquer

possibilidade de vazamento da amostra que venha a comprometer, de qualquer forma, o entrevistado. Desta forma, caso você venha a sentir algum

desconforto de origem física, psíquica, moral, intelectual, social, cultural ou espiritual, por favor, comunique imediatamente ao pesquisador, para que

sejam tomadas as devidas providências, podendo chegar a não permanência do entrevistado na pesquisa, como direito e prerrogativa do mesmo. Lembramos que até a consecução deste projeto esses outros desconfortos caracterizam-se como "não

Endereço: Rua Arnóbio Marques, 310
Bairro: Santo Amaro   CEP: 50.100-130
UF: PE   Município: RECIFE
Telefone: (81)3184-1460   Fax: (81)3184-1271   E-mail: cep_huoc.procape@yahoo.com.br

COMPLEXO HOSPITALAR HUOC/PROCAPE

Continuação do Parecer: 1.478.576

conhecidos", porém o pesquisador deverá a todo o tempo interpelar junto ao pesquisado procurando saber de sua integridade nesses diversos
níveis.
Benefícios:
Espera-se com o resultado desta pesquisa subsidiar o entendimento da inclusão da Educação Física em avaliações externas, especialmente o
Exame Nacional do Ensino Médio e as experiências da prática pedagógica que se relacionam com o exame. Os professores de Educação Física
vinculados ao Ensino Médio terão, a partir deste estudo, dados para dar um salto qualitativo em suas práticas e referências para a discussão sobre a
Educação Física e as avaliações de larga escala, como o ENEM. Após a defesa da dissertação o pesquisador voltará a escola pesquisada e
entregará uma cópia da mesma à biblioteca da instituição, bem como realizará apresentações para a gestão escolar e pedagógica, para o grupo de
professores entrevistados e para os alunos que participaram da pesquisa. Tais ações visam fornecer retorno do que foi alcançado como resultado da
pesquisa, deixando claro para os atores da escola as relações entre a inclusão da Educação Física no ENEM e a prática pedagógica na escola
pesquisada, oferecendo condições para a análise crítica do estudo. Outra contribuição está no contato dos pesquisados com os resultados de uma
pesquisa em nível stricto sensu, desde a coleta de dados, até o seu resultado final, pois esse processo é demasiado rico para alunos em formação
no Ensino Médio, os quais estarão no Ensino Superior como passo seguinte a formação, como também para professores e gestores pedagógicos.

Comentários e Considerações sobre a Pesquisa:
pesquisa relevante

Considerações sobre os Termos de apresentação obrigatória:
apresentados

Recomendações:
aprovado

Conclusões ou Pendências e Lista de Inadequações:
aprovado conforme a Resolução CNS 466/12

Endereço: Rua Arnóbio Marques, 310
Bairro: Santo Amaro   CEP: 50.100-130
UF: PE   Município: RECIFE
Telefone: (81)3184-1460   Fax: (81)3184-1271   E-mail: cep_huoc.procape@yahoo.com.br

ANEXO 5

QUESTÕES DO EXAME NACIONAL DO ENSINO MÉDIO – CONTEÚDOS REFERENTES À EDUCAÇÃO FÍSICA

Questão 95

No programa do balé **Parade**, apresentado em 18 de maio de 1917, foi empregada publicamente, pela primeira vez, a palavra *sur-realisme*. Pablo Picasso desenhou o cenário e a indumentária, cujo efeito foi tão surpreendente que se sobrepôs à coreografia. A música de Erik Satie era uma mistura de *jazz*, música popular e sons reais tais como tiros de pistola, combinados com as imagens do balé de Charlie Chaplin, caubóis e vilões, mágica chinesa e *Ragtime*. Os tempos não eram propícios para receber a nova mensagem cênica demasiado provocativa devido ao repicar da máquina de escrever, aos zumbidos de sirene e dínamo e aos rumores de aeroplano previstos por Cocteau para a partitura de Satie. Já a ação coreográfica confirmava a tendência marcadamente teatral da gestualidade cênica, dada pela justaposição, colagem de ações isoladas seguindo um estímulo musical.

SILVA, S. M. O surrealismo e a dança. GUINSBURG, J.; LEIRNER (Org.). O surrealismo. São Paulo: Perspectiva, 2008 (adaptado).

As manifestações corporais na história das artes da cena muitas vezes demonstram as condições cotidianas de um determinado grupo social, como se pode observar na descrição acima do balé **Parade**, o qual reflete

- a falta de diversidade cultural na sua proposta estética.
- a alienação dos artistas em relação às tensões da Segunda Guerra Mundial.
- uma disputa cênica entre as linguagens das artes visuais, do figurino e da música.
- as inovações tecnológicas nas partes cênicas, musicais, coreográficas e de figurino.
- uma narrativa com encadeamentos claramente lógicos

Questão 103

Saúde, no modelo atual de qualidade de vida, é o resultado das condições de alimentação, habitação, educação, renda, trabalho, transporte, lazer, serviços médicos e acesso à atividade física regular. Quanto ao acesso à atividade física, um dos elementos essenciais é a aptidão física, entendida como a capacidade de a pessoa utilizar seu corpo — incluindo músculos, esqueleto, coração, enfim, todas as partes —, de forma eficiente em suas atividades cotidianas; logo, quando se avalia a saúde de uma pessoa, a aptidão física deve ser levada em conta. A partir desse contexto, considera-se que uma pessoa tem boa aptidão física quando

Ⓐ apresenta uma postura regular.
Ⓑ pode se exercitar por períodos curtos de tempo.
Ⓒ pode desenvolver as atividades físicas do dia-a-dia, independentemente de sua idade.
Ⓓ pode executar suas atividades do dia a dia com vigor, atenção e uma fadiga de moderada a intensa.
Ⓔ pode exercer atividades físicas no final do dia, mas suas reservas de energia são insuficientes para

Questão 103 – Enem 2009 – Caderno Azul

Questão 115

A dança é importante para o índio preparar o corpo e a garganta e significa energia para o corpo, que fica robusto. Na aldeia, para preparo físico, dançamos desde cinco horas da manhã até seis horas da tarde, passa-se o dia inteiro dançando quando os padrinhos planejam a dança dos adolescentes. O padrinho é como um professor, um preparador físico dos adolescentes. Por exemplo, o padrinho sonha com um determinado canto e planeja para todos entoarem. Todos os tipos de dança vêm dos primeiros xavantes: Wamarĩdzadadzeiwawẽ, Butséwawẽ, Tseretomodzatsewawẽ, que foram descobrindo através da sabedoria como iria ser a cultura Xavante. Até hoje existe essa cultura, essa celebração. Quando o adolescente fura a orelha é obrigatório ele dançar toda a noite, tem de acordar meia-noite para dançar e cantar, é obrigatório, eles vão chamando um ao outro com um grito especial.

WERE'É TSI'RÕBO, E. A dança e o canto-celebração da existência xavante. VIS-Revista do Programa de Pós-Graduação em Arte da UnB. V. 5, n. 2, dez. 2006.

A partir das informações sobre a dança Xavante, conclui-se que o valor da diversidade artística e da tradição cultural apresentados originam-se da

- Ⓐ iniciativa individual do indígena para a prática da dança e do canto.
- Ⓑ excelente forma física apresentada pelo povo Xavante.
- Ⓒ multiculturalidade presente na sua manifestação cênica.
- Ⓓ inexistência de um planejamento da estética da dança, caracterizada pelo ineditismo.
- Ⓔ preservação de uma identidade entre a gestualidade

Questão 115 – Enem 2009 – Caderno Azul

Questão 134

Nunca se falou e se preocupou tanto com o corpo como nos dias atuais. É comum ouvirmos anúncios de uma nova academia de ginástica, de uma nova forma de dieta, de uma nova técnica de autoconhecimento e outras práticas de saúde alternativa, em síntese, vivemos nos últimos anos a redescoberta do prazer, voltando nossas atenções ao nosso próprio corpo. Essa valorização do prazer individualizante se estrutura em um verdadeiro culto ao corpo, em analogia a uma religião, assistimos hoje ao surgimento de novo universo: a corpolatria.

CODO, W.; SENNE, W. O que é corpo(latria). Coleção Primeiros Passos. Brasiliense, 1985 (adaptado).

Sobre esse fenômeno do homem contemporâneo presente nas classes sociais brasileiras, principalmente, na classe média, a corpolatria

- A é uma religião pelo avesso, por isso outra religião; inverteram-se os sinais, a busca da felicidade eterna antes carregava em si a destruição do prazer, hoje implica o seu culto.
- B criou outro ópio do povo, levando as pessoas a buscarem cada vez mais grupos igualitários de integração social.
- C é uma tradução dos valores das sociedades subdesenvolvidas, mas em países considerados do primeiro mundo ela não consegue se manifestar porque a população tem melhor educação e senso crítico.
- D tem como um de seus dogmas o narcisismo, significando o "amar o próximo como se ama a si mesmo".
- E existe desde a Idade Média, entretanto esse acontecimento se intensificou a partir da Revolução Industrial no século XIX e se estendeu até os nossos dias.

Questão 134 – Enem 2009 – Caderno Azul

Questão 106

O folclore é o retrato da cultura de um povo. A dança popular e folclórica é uma forma de representar a cultura regional, pois retrata seus valores, crenças, trabalho e significados. Dançar a cultura de outras regiões é conhecê-la, é de alguma forma se apropriar dela, é enriquecer a própria cultura.

BREGOLATO, R. A. **Cultura Corporal da Dança**. São Paulo: Ícone, 2007.

As manifestações folclóricas perpetuam uma tradição cultural, é obra de um povo que a cria, recria e a perpetua. Sob essa abordagem deixa-se de identificar como dança folclórica brasileira

- Ⓐ o Bumba-meu-boi, que é uma dança teatral onde personagens contam uma história envolvendo crítica social, morte e ressurreição.
- Ⓑ a Quadrilha das festas juninas, que associam festejos religiosos a celebrações de origens pagãs envolvendo as colheitas e a fogueira.
- Ⓒ o Congado, que é uma representação de um reinado africano onde se homenageia santos através de música, cantos e dança.
- **Ⓓ** o Balé, em que se utilizam músicos, bailarinos e vários outros profissionais para contar uma história em forma de espetáculo.
- Ⓔ o Carnaval, em que o samba derivado do batuque africano é utilizado com o objetivo de contar ou recriar uma história nos desfiles.

Questão 106 – Enem 2010/1ª Aplicação – Caderno Azul

Questão 110

Disponível em: http://algarvetunistico.com/wp-content/uploads/2009/04/ptm-ginastica-ritmica-01.jpg. Acesso em: 01 set. 2010.

O desenvolvimento das capacidades físicas (qualidades motoras passíveis de treinamento) ajuda na tomada de decisões em relação à melhor execução do movimento. A capacidade física predominante no movimento representado na imagem é

- Ⓐ a velocidade, que permite ao músculo executar uma sucessão rápida de gestos em movimentação de intensidade máxima.
- Ⓑ a resistência, que admite a realização de movimentos durante considerável período de tempo, sem perda da qualidade da execução.
- Ⓒ a flexibilidade, que permite a amplitude máxima de um movimento, em uma ou mais articulações, sem causar lesões.
- Ⓓ a agilidade, que possibilita a execução de movimentos rápidos e ligeiros com mudanças de direção.
- Ⓔ o equilíbrio, que permite a realização dos mais variados movimentos, com o objetivo de sustentar o corpo sobre uma base.

Questão 110 – Enem 2010/1ª Aplicação – Caderno Azul

Questão 120

Figura 1: Disponível em: http://www.clicrbs.com.br/blog/fotos/23515 1post_foto.jpg
Figura 2: Disponível em: http://esporte.hsw.uol.com.br/volei-jogos-olimpicos.htm
Figura 3: Disponível em: http://www.arel.com.br/eurocup/volei/
Acesso em: 27 abr. 2010.

O voleibol é um dos esportes mais praticados na atualidade. Está presente nas competições esportivas, nos jogos escolares e na recreação. Nesse esporte, os praticantes utilizam alguns movimentos específicos como: saque, manchete, bloqueio, levantamento, toque, entre outros. Na sequência de imagens, identificam-se os movimentos de

Ⓐ sacar e colocar a bola em jogo, defender a bola e realizar a cortada como forma de ataque.
Ⓑ arremessar a bola, tocar para passar a bola ao levantador e bloquear como forma de ataque.
Ⓒ tocar e colocar a bola em jogo, cortar para defender e levantar a bola para atacar.
Ⓓ passar a bola e iniciar a partida, lançar a bola ao levantador e realizar a manchete para defender.
Ⓔ cortar como forma de ataque, passar a bola para defender e bloquear como forma de ataque.

Questão 120 – Enem 2010/1ª Aplicação – Caderno Azul

Questão 96

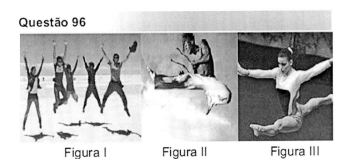

Figura I   Figura II   Figura III

Figura I. Disponível em: http://zuperdido.wordpress.com. Acesso em: 27 abr. 2010.
Figura II. Disponível em: http://jornale.com.br. Acesso em: 27 abr. 2010.
Figura III. Disponível em: http://www.alamedavirtual.com. Acesso em: 27 abr. 2010.

O salto, movimento natural do homem, está presente em ações cotidianas e também nas artes, nas lutas, nos esportes, entre outras atividades. Com relação a esse movimento, considera-se que

- **A** é realizado para cima, sem que a impulsão determine o tempo de perda de contato com o solo.

- **B** é na fase de voo que se inicia o impulso, que, dado pelos braços, determina o tipo e o tempo de duração do salto.

- **C** é verificado o mesmo tempo de perda de contato com o solo nas situações em que é praticado.

- **D** é realizado após uma breve corrida para local mais alto, sem que se utilize apoio para o impulso.

- **(E)** é a perda momentânea de contato dos pés com o solo e apresenta as fases de impulsão, voo e queda.

Questão 96 – Enem 2010/2ª Aplicação – Caderno Azul

Questão 118

Não é raro ouvirmos falar que o Brasil é o país das danças ou um país dançante. Essa nossa "fama" é bem pertinente, se levarmos em consideração a diversidade de manifestações rítmicas e expressivas existentes de Norte a Sul. Sem contar a imensa repercussão de nível internacional de algumas delas.

Danças trazidas pelos africanos escravizados, danças relativas aos mais diversos rituais, danças trazidas pelos imigrantes etc. Algumas preservam suas características e pouco se transformaram com o passar do tempo, como o forró, o maxixe, o xote, o frevo. Outras foram criadas e são recriadas a cada instante: inúmeras influências são incorporadas, e as danças transformam-se, multiplicam-se. Nos centros urbanos, existem danças como o *funk*, o *hip hop*, as danças de rua e de salão.

É preciso deixar claro que não há jeito certo ou errado de dançar. Todos podem dançar, independentemente de biótipo, etnia ou habilidade, respeitando-se as diferenciações de ritmos e estilos individuais.

GASPARI, T. C. Dança e educação física na escola: implicações para a prática pedagógica.
Rio de Janeiro: Guanabara Koogan, 2008 (adaptado).

Com base no texto, verifica-se que a dança, presente em todas as épocas, espaços geográficos e culturais, é uma

A prática corporal que conserva inalteradas suas formas, independentemente das influências culturais da sociedade.
B forma de expressão corporal baseada em gestos padronizados e realizada por quem tem habilidade para dançar.
C manifestação rítmica e expressiva voltada para as apresentações artísticas, sem que haja preocupação com a linguagem corporal.
D prática que traduz os costumes de determinado povo ou região e está restrita a este.
E representação das manifestações, expressões, comunicações e características culturais de um povo.

Questão 118 – Enem 2010/2ª Aplicação – Caderno Azul

Questão 127
Saúde

Afinal, abrindo um jornal, lendo uma revista ou assistindo à TV, insistentes são os apelos feitos em prol da atividade física. A mídia não descansa; quer vender roupas esportivas, propagandas de academias, tênis, aparelhos de ginástica e musculação, vitaminas, dietas... uma relação infindável de materiais, equipamentos e produtos alimentares que, por trás de toda essa "parafernália", impõe um discurso do convencimento e do desejo de um corpo belo, saudável e, em sua grande maioria, de melhor saúde.

RODRIGUES,L. H.; GALVÃO, Z. Educação Física na escola: implicações para a prática pedagógica. Rio de Janeiro: Guanabara Koogan, 2008.

Em razão da influência da mídia no comportamento das pessoas, no que diz respeito ao padrão de corpo exigido, podem ocorrer mudanças de hábitos corporais. A esse respeito, infere-se do texto que é necessário

Ⓐ reconhecer o que é indicado pela mídia como referência para alcançar o objetivo de ter um corpo belo e saudável.

Ⓑ valorizar o discurso da mídia, entendendo-o como incentivo à prática da atividade física, para o culto do corpo perfeito.

Ⓒ diferenciar as práticas corporais veiculadas pela mídia daquelas praticadas no dia a dia, considerando a saúde e a integridade corporal.

Ⓓ atender aos apelos midiáticos em prol da prática exacerbada de exercícios físicos, como garantia de beleza.

Ⓔ identificar os materiais, equipamentos e produtos alimentares como o caminho para atingir o padrão de corpo idealizado pela mídia.

Questão 127 – Enem 2010/2ª Aplicação – Caderno Azul

QUESTÃO 96

Na modernidade, o corpo foi descoberto, despido e modelado pelos exercícios físicos da moda. Novos espaços e práticas esportivas e de ginástica passaram a convocar as pessoas a modelarem seus corpos. Multiplicaram-se as academias de ginástica, as salas de musculação e o número de pessoas correndo pelas ruas.

SECRETARIA DA EDUCAÇÃO. Caderno do professor: educação física. São Paulo, 2008.

Diante do exposto, é possível perceber que houve um aumento da procura por

Ⓐ exercícios físicos aquáticos (natação/hidroginástica), que são exercícios de baixo impacto, evitando o atrito (não prejudicando as articulações), e que previnem o envelhecimento precoce e melhoram a qualidade de vida.
Ⓑ mecanismos que permitem combinar alimentação e exercício físico, que permitem a aquisição e manutenção de níveis adequados de saúde, sem a preocupação com padrões de beleza instituídos socialmente.
Ⓒ programas saudáveis de emagrecimento, que evitam os prejuízos causados na regulação metabólica, função imunológica, integridade óssea e manutenção da capacidade funcional ao longo do envelhecimento.
Ⓓ exercícios de relaxamento, reeducação postural e alongamentos, que permitem um melhor funcionamento do organismo como um todo, bem como uma dieta alimentar e hábitos saudáveis com base em produtos naturais.
Ⓔ dietas que preconizam a ingestão excessiva ou restrita de um ou mais macronutrientes (carboidratos, gorduras ou proteínas), bem como exercícios que permitem um aumento de massa muscular e/ou modelar o corpo.

Questão 96 – Enem 2011 – Caderno Azul

QUESTÃO 105

A dança é um importante componente cultural da humanidade. O folclore brasileiro é rico em danças que representam as tradições e a cultura de várias regiões do país. Estão ligadas aos aspectos religiosos, festas, lendas, fatos históricos, acontecimentos do cotidiano e brincadeiras e caracterizam-se pelas músicas animadas (com letras simples e populares), figurinos e cenários representativos.

SECRETARIA DA EDUCAÇÃO. **Proposta Curricular do Estado de São Paulo:**
Educação Física. São Paulo: 2009 (adaptado).

A dança, como manifestação e representação da cultura rítmica, envolve a expressão corporal própria de um povo. Considerando-a como elemento folclórico, a dança revela

- **(A)** manifestações afetivas, históricas, ideológicas, intelectuais e espirituais de um povo, refletindo seu modo de expressar-se no mundo.
- **(B)** aspectos eminentemente afetivos, espirituais e de entretenimento de um povo, desconsiderando fatos históricos.
- **(C)** acontecimentos do cotidiano, sob influência mitológica e religiosa de cada região, sobrepondo aspectos políticos.
- **(D)** tradições culturais de cada região, cujas manifestações rítmicas são classificadas em um *ranking* das mais originais.
- **(E)** lendas, que se sustentam em inverdades históricas, uma vez que são inventadas, e servem apenas para a vivência lúdica de um povo.

Questão 105 – Enem 2011 – Caderno Azul

QUESTÃO 108
Conceitos e importância das lutas

Antes de se tornarem esporte, as lutas ou as artes marciais tiveram duas conotações principais: eram praticadas com o objetivo guerreiro ou tinham um apelo filosófico como concepção de vida bastante significativo.

Atualmente, nos deparamos com a grande expansão das artes marciais em nível mundial. As raízes orientais foram se disseminando, ora pela necessidade de luta pela sobrevivência ou para a "defesa pessoal", ora pela possibilidade de ter as artes marciais como própria filosofia de vida.

CARREIRO, E. A. **Educação Física na escola:** Implicações para a prática pedagógica. Rio de Janeiro: Guanabara Koogan, 2008 (fragmento).

Um dos problemas da violência que está presente principalmente nos grandes centros urbanos são as brigas e os enfrentamentos de torcidas organizadas, além da formação de gangues, que se apropriam de gestos das lutas, resultando, muitas vezes, em fatalidades. Portanto, o verdadeiro objetivo da aprendizagem desses movimentos foi mal compreendido, afinal as lutas

- **Ⓐ** se tornaram um esporte, mas eram praticadas com o objetivo guerreiro a fim de garantir a sobrevivência.
- **Ⓑ** apresentam a possibilidade de desenvolver o autocontrole, o respeito ao outro e a formação do caráter.
- **Ⓒ** possuem como objetivo principal a "defesa pessoal" por meio de golpes agressivos sobre o adversário.
- **Ⓓ** sofreram transformações em seus princípios filosóficos em razão de sua disseminação pelo mundo.
- **Ⓔ** se disseminaram pela necessidade de luta pela sobrevivência ou como filosofia pessoal de vida.

Questão 108 – Enem 2011 – Caderno Azul

QUESTÃO 127

Disponível em: http://www.ccsp.com.br. Acesso em: 27 jul. 2010 (adaptado).

O texto é uma propaganda de um adoçante que tem o seguinte mote: "Mude sua embalagem". A estratégia que o autor utiliza para o convencimento do leitor baseia-se no emprego de recursos expressivos, verbais e não verbais, com vistas a

A ridicularizar a forma física do possível cliente do produto anunciado, aconselhando-o a uma busca de mudanças estéticas.
B enfatizar a tendência da sociedade contemporânea de buscar hábitos alimentares saudáveis, reforçando tal postura.
C criticar o consumo excessivo de produtos industrializados por parte da população, propondo a redução desse consumo.
D associar o vocábulo "açúcar" à imagem do corpo fora de forma, sugerindo a substituição desse produto pelo adoçante.
E relacionar a imagem do saco de açúcar a um corpo humano que não desenvolve atividades físicas, incentivando a prática esportiva.

Questão 127 – Enem 2011 – Caderno Azul

QUESTÃO 96

NIEMAN, D. Exercício e saúde. São Paulo: Manole, 1999 (adaptado).

A partir dos efeitos fisiológicos do exercício físico no organismo, apresentados na figura, são adaptações benéficas à saúde de um indivíduo:

Ⓐ Diminuição da frequência cardíaca em repouso e aumento da oxigenação do sangue.

Ⓑ Diminuição da oxigenação do sangue e aumento da frequência cardíaca em repouso.

Ⓒ Diminuição da frequência cardíaca em repouso e aumento da gordura corporal.

Ⓓ Diminuição do tônus muscular e aumento do percentual de gordura corporal.

Ⓔ Diminuição da gordura corporal e aumento da frequência cardíaca em repouso.

Questão 96 – Enem 2012 – Caderno Azul

QUESTÃO 100

Verbo ser

QUE VAI SER quando crescer? Vivem perguntando em redor. Que é ser? É ter um corpo, um jeito, um nome? Tenho os três. E sou? Tenho de mudar quando crescer? Usar outro nome, corpo e jeito? Ou a gente só principia a ser quando cresce? É terrível, ser? Dói? É bom? É triste? Ser: pronunciado tão depressa, e cabe tantas coisas? Repito: ser, ser, ser. Er. R. Que vou ser quando crescer? Sou obrigado a? Posso escolher? Não dá para entender. Não vou ser. Não quero ser. Vou crescer assim mesmo. Sem ser. Esquecer.

ANDRADE, C. D. Poesia e prosa. Rio de Janeiro: Nova Aguilar, 1992.

A inquietação existencial do autor com a autoimagem corporal e a sua corporeidade se desdobra em questões existenciais que têm origem

(A) no conflito do padrão corporal imposto contra as convicções de ser autêntico e singular.

(B) na aceitação das imposições da sociedade seguindo a influência de outros.

(C) na confiança no futuro, ofuscada pelas tradições e culturas familiares.

(D) no anseio de divulgar hábitos enraizados, negligenciados por seus antepassados.

(E) na certeza da exclusão, revelada pela indiferença de seus pares.

Questão 100 – Enem 2012 – Caderno Azul

QUESTÃO 115

Aqui é o país do futebol

Brasil está vazio na tarde de domingo, né?
Olha o sambão, aqui é o país do futebol
[...]
No fundo desse país
Ao longo das avenidas
Nos campos de terra e grama
Brasil só é futebol
Nesses noventa minutos
De emoção e alegria
Esqueço a casa e o trabalho
A vida fica lá fora
Dinheiro fica lá fora
A cama fica lá fora
A mesa fica lá fora
Salário fica lá fora
A fome fica lá fora
A comida fica lá fora
A vida fica lá fora
E tudo fica lá fora

SIMONAL, W. **Aqui é o país do futebol**. Disponível em: www.vagalume.com.br.
Acesso em: 27 out. 2011 (fragmento).

Na letra da canção *Aqui é o país do futebol*, de Wilson Simonal, o futebol, como elemento da cultura corporal de movimento e expressão da tradição nacional, é apresentado de forma crítica e emancipada devido ao fato de

- **A** reforçar a relação entre o esporte futebol e o samba.
- **B** ser apresentado como uma atividade de lazer.
- **C** ser identificado com a alegria da população brasileira.
- **D** promover a reflexão sobre a alienação provocada pelo futebol.
- **E** ser associado ao desenvolvimento do país.

Questão 115 – Enem 2012 – Caderno Azul

QUESTÃO 101

Adolescentes: mais altos, gordos e preguiçosos

A oferta de produtos industrializados e a falta de tempo têm sua parcela de responsabilidade no aumento da silhueta dos jovens. "Os nossos hábitos alimentares, de modo geral, mudaram muito", observa Vivian Ellinger, presidente da Sociedade Brasileira de Endocrinologia e Metabologia (SBEM), no Rio de Janeiro. Pesquisas mostram que, aqui no Brasil, estamos exagerando no sal e no açúcar, além de tomar pouco leite e comer menos frutas e feijão.

Outro pecado, velho conhecido de quem exibe excesso de gordura por causa da gula, surge como marca da nova geração: a preguiça. "Cem por cento das meninas que participam do Programa não praticavam nenhum esporte", revela a psicóloga Cristina Freire, que monitora o desenvolvimento emocional das voluntárias.

Você provavelmente já sabe quais são as consequências de uma rotina sedentária e cheia de gordura. "E não é novidade que os obesos têm uma sobrevida menor", acredita Claudia Cozer, endocrinologista da Associação Brasileira para o Estudo da Obesidade e da Síndrome Metabólica. Mas, se há cinco anos os estudos projetavam um futuro sombrio para os jovens, no cenário atual as doenças que viriam na velhice já são parte da rotina deles. "Os adolescentes já estão sofrendo com hipertensão e diabete", exemplifica Claudia.

DESGUALDO, P. Revista Saúde. Disponível em: http://saude.abril.com.br. Acesso em: 28 jul. 2012 (adaptado).

Sobre a relação entre os hábitos da população adolescente e as suas condições de saúde, as informações apresentadas no texto indicam que

Ⓐ a falta de atividade física somada a uma alimentação nutricionalmente desequilibrada constituem fatores relacionados ao aparecimento de doenças crônicas entre os adolescentes.

Ⓑ a diminuição do consumo de alimentos fontes de carboidratos combinada com um maior consumo de alimentos ricos em proteínas contribuíram para o aumento da obesidade entre os adolescentes.

Ⓒ a maior participação dos alimentos industrializados e gordurosos na dieta da população adolescente tem tornado escasso o consumo de sais e açúcares, o que prejudica o equilíbrio metabólico.

Ⓓ a ocorrência de casos de hipertensão e diabetes entre os adolescentes advém das condições de alimentação, enquanto que na população adulta os fatores hereditários são preponderantes.

Ⓔ a prática regular de atividade física é um importante fator de controle da diabetes entre a população adolescente, por provocar um constante aumento da pressão arterial sistólica.

Questão 101 – Enem 2013 – Caderno Amarelo

QUESTÃO 103

O jogo é uma atividade ou ocupação voluntária, exercida dentro de certos e determinados limites de tempo e de espaço, segundo regras livremente consentidas, mas absolutamente obrigatórias, dotado de um fim em si mesmo, acompanhado de um sentimento de tensão e de alegria e de uma consciência de ser diferente da "vida quotidiana".

HUIZINGA, J. **Homo ludens**: o jogo como elemento da cultura. São Paulo: Perspectiva, 2004.

Segundo o texto, o jogo comporta a possibilidade de fruição. Do ponto de vista das práticas corporais, essa fruição se estabelece por meio do(a)

Ⓐ fixação de táticas, que define a padronização para maior alcance popular.

Ⓑ competitividade, que impulsiona o interesse pelo sucesso.

Ⓒ refinamento técnico, que gera resultados satisfatórios.

Ⓓ caráter lúdico, que permite experiências inusitadas.

Ⓔ uso tecnológico, que amplia as opções de lazer.

Questão 103 – Enem 2013 – Caderno Amarelo

QUESTÃO 108

Própria dos festejos juninos, a quadrilha nasceu como dança aristocrática, oriunda dos salões franceses, depois difundida por toda a Europa.

No Brasil, foi introduzida como dança de salão e, por sua vez, apropriada e adaptada pelo gosto popular. Para sua ocorrência, é importante a presença de um mestre "marcante" ou "marcador", pois é quem determina as figurações diversas que os dançadores desenvolvem. Observa-se a constância das seguintes marcações: *"Tour", "En avant", "Chez des dames", "Chez des chevaliê"*, "Cestinha de flor", "Balancê", "Caminho da roça", "Olha a chuva", "Garranchê", "Passeio", "Coroa de flores", "Coroa de espinhos" etc.

No Rio de Janeiro, em contexto urbano, apresenta transformações: surgem novas figurações, o francês aportuguesado inexiste, o uso de gravações substitui a música ao vivo, além do aspecto de competição, que sustenta os festivais de quadrilha, promovidos por órgãos de turismo.

CASCUDO, L. C. **Dicionário do folclore brasileiro**. Rio de Janeiro: Melhoramentos, 1976.

As diversas formas de dança são demonstrações da diversidade cultural do nosso país. Entre elas, a quadrilha é considerada uma dança folclórica por

- **Ⓐ** possuir como característica principal os atributos divinos e religiosos e, por isso, identificar uma nação ou região.
- **Ⓑ** abordar as tradições e costumes de determinados povos ou regiões distintas de uma mesma nação.
- **Ⓒ** apresentar cunho artístico e técnicas apuradas, sendo, também, considerada dança-espetáculo.
- **Ⓓ** necessitar de vestuário específico para a sua prática, o qual define seu país de origem.
- **Ⓔ** acontecer em salões e festas e ser influenciada por diversos gêneros musicais.

Questão 108 – Enem 2013 – Caderno Amarelo

QUESTÃO 103

O boxe está perdendo cada vez mais espaço para um fenômeno relativamente recente do esporte, o MMA. E o maior evento de Artes Marciais Mistas do planeta é o *Ultimate Fighting Championship*, ou simplesmente UFC. O ringue, com oito cantos, foi desenhado para deixar os lutadores com mais espaço para as lutas. Os atletas podem usar as mãos e aplicar golpes de jiu-jítsu. Muitos podem falar que a modalidade é uma espécie de vale-tudo, mas isso já ficou no passado: agora, a modalidade tem regras e acompanhamento médico obrigatório para que o esporte apague o estigma negativo.

CORREIA, D. UFC: saiba como o MMA nocauteou o boxe em oito golpes.
Veja, 10 jun. 2011 (fragmento).

O processo de modificação das regras do MMA retrata a tendência de redimensionamento de algumas práticas corporais, visando enquadrá-las em um determinado formato. Qual o sentido atribuído a essas transformações incorporadas historicamente ao MMA?

Ⓐ A modificação das regras busca associar valores lúdicos ao MMA, possibilitando a participação de diferentes populações como atividade de lazer.

Ⓑ As transformações do MMA aumentam o grau de violência das lutas, favorecendo a busca de emoções mais fortes tanto aos competidores como ao público.

Ⓒ As mudanças de regras do MMA atendem à necessidade de tornar a modalidade menos violenta, visando sua introdução nas academias de ginástica na dimensão da saúde.

Ⓓ As modificações incorporadas ao MMA têm por finalidade aprimorar as técnicas das diferentes artes marciais, favorecendo o desenvolvimento da modalidade enquanto defesa pessoal.

Ⓔ As transformações do MMA visam delimitar a violência das lutas, preservando a integridade dos atletas e enquadrando a modalidade no formato do esporte de espetáculo.

Questão 103 – Enem 2014 – Caderno Amarelo

QUESTÃO 104

Uso de suplementos alimentares por adolescentes

Evidências médicas sugerem que a suplementação alimentar pode ser benéfica para um pequeno grupo de pessoas, aí incluídos atletas competitivos, cuja dieta não seja balanceada. Tem-se observado que adolescentes envolvidos em atividade física ou atlética estão usando cada vez mais tais suplementos. A prevalência desse uso varia entre os tipos de esportes, aspectos culturais, faixas etárias (mais comum em adolescentes) e sexo (maior prevalência em homens). Poucos estudos se referem a frequência, tipo e quantidade de suplementos usados, mas parece ser comum que as doses recomendadas sejam excedidas.

A mídia é um dos importantes estímulos ao uso de suplementos alimentares ao veicular, por exemplo, o mito do corpo ideal. Em 2001, a indústria de suplementos alimentares investiu globalmente US$ 46 bilhões em propaganda, como meio de persuadir potenciais consumidores a adquirir seus produtos. Na adolescência, período de autoafirmação, muitos deles não medem esforços para atingir tal objetivo.

ALVES, C.; LIMA, R. J. Pediatr. v.85, n.4, 2009 (fragmento).

Sobre a associação entre a prática de atividades físicas e o uso de suplementos alimentares, o texto informa que a ingestão desses suplementos

- **A** é indispensável para as pessoas que fazem atividades físicas regularmente.
- **B** é estimulada pela indústria voltada para adolescentes que buscam um corpo ideal.
- **C** é indicada para atividades físicas como a musculação com fins de promoção da saúde.
- **D** direciona-se para adolescentes com distúrbios metabólicos e que praticam atividades físicas.
- **E** melhora a saúde do indivíduo que não tem uma dieta balanceada e nem pratica atividades físicas.

Questão 104 – Enem 2014 – Caderno Amarelo

QUESTÃO 129

No Brasil, a origem do *funk* e do *hip-hop* remonta aos anos 1970, quando da proliferação dos chamados "bailes *black*" nas periferias dos grandes centros urbanos. Embalados pela *black music* americana, milhares de jovens encontravam nos bailes de final de semana uma alternativa de lazer antes inexistente. Em cidades como o Rio de Janeiro ou São Paulo, formavam-se equipes de som que promoviam bailes onde foi se disseminando um estilo que buscava a valorização da cultura negra, tanto na música como nas roupas e nos penteados. No Rio de Janeiro ficou conhecido como "*Black* Rio". A indústria fonográfica descobriu o filão e, lançando discos de "equipe" com as músicas de sucesso nos bailes, difundia a moda pelo restante do país.

DAYRELL, J. **A música entra em cena**: o *rap* e o *funk* na socialização da juventude.
Belo Horizonte: UFMG, 2005.

A presença da cultura *hip-hop* no Brasil caracteriza-se como uma forma de

Ⓐ lazer gerada pela diversidade de práticas artísticas nas periferias urbanas.
Ⓑ entretenimento inventada pela indústria fonográfica nacional.
Ⓒ subversão de sua proposta original já nos primeiros bailes.
Ⓓ afirmação de identidade dos jovens que a praticam.
Ⓔ reprodução da cultura musical norte-americana.

Questão 129 – Enem 2014 – Caderno Amarelo

QUESTÃO 96

O *rap*, palavra formada pelas iniciais de *rhythm and poetry* (ritmo e poesia), junto com as linguagens da dança (o *break dancing*) e das artes plásticas (o grafite), seria difundido, para além dos guetos, com o nome de cultura *hip hop*. O *break dancing* surge como uma dança de rua. O grafite nasce de assinaturas inscritas pelos jovens com *sprays* nos muros, trens e estações de metrô de Nova York. As linguagens do *rap*, do *break dancing* e do grafite se tornaram os pilares da cultura *hip hop*.

DAYRELL, J. **A música entra em cena**: o *rap* e o *funk* na socialização da juventude.
Belo Horizonte: UFMG, 2005 (adaptado).

Entre as manifestações da cultura *hip hop* apontadas no texto, o *break* se caracteriza como um tipo de dança que representa aspectos contemporâneos por meio de movimentos

A retilíneos, como crítica aos indivíduos alienados.

B improvisados, como expressão da dinâmica da vida urbana.

C suaves, como sinônimo da rotina dos espaços públicos.

D ritmados pela sola dos sapatos, como símbolo de protesto.

E cadenciados, como contestação às rápidas mudanças culturais.

Questão 96 – Enem 2015/1ª aplicação – Caderno Amarelo

QUESTÃO 102

Riscar o chão para sair pulando é uma brincadeira que vem dos tempos do Império Romano. A amarelinha original tinha mais de cem metros e era usada como treinamento militar. As crianças romanas, então, fizeram imitações reduzidas do campo utilizado pelos soldados e acrescentaram numeração nos quadrados que deveriam ser pulados. Hoje as amarelinhas variam nos formatos geométricos e na quantidade de casas. As palavras "céu" e "inferno" podem ser escritas no começo e no final do desenho, que é marcado no chão com giz, tinta ou graveto.

Disponível em: www.biblioteca.ajes.edu.br. Acesso em: 20 maio 2015 (adaptado).

Com base em fatos históricos, o texto retrata o processo de adaptação pelo qual passou um tipo de brincadeira. Nesse sentido, conclui-se que as brincadeiras comportam o(a)

Ⓐ caráter competitivo que se assemelha às suas origens.
Ⓑ delimitação de regras que se perpetuam com o tempo.
Ⓒ definição antecipada do número de grupos participantes.
Ⓓ objetivo de aperfeiçoamento físico daqueles que a praticam.
Ⓔ possibilidade de reinvenção no contexto em que é realizada.

Questão 102 – Enem 2015/1ª aplicação – Caderno Amarelo

QUESTÃO 128

Obesidade causa doença

A obesidade tornou-se uma epidemia global, segundo a Organização Mundial da Saúde, ligada à Organização das Nações Unidas. O problema vem atingindo um número cada vez maior de pessoas em todo o mundo, e entre as principais causas desse crescimento estão o modo de vida sedentário e a má alimentação.

Segundo um médico especialista em cirurgia de redução de estômago, a taxa de mortalidade entre homens obesos de 25 a 40 anos é 12 vezes maior quando comparada à taxa de mortalidade entre indivíduos de peso normal. O excesso de peso e de gordura no corpo desencadeia e piora problemas de saúde que poderiam ser evitados. Em alguns casos, a boa notícia é que a perda de peso leva à cura, como no caso da asma, mas em outros, como o infarto, não há solução.

FERREIRA, T. Disponível em: http://revistaepoca.globo.com. Acesso em: 2 ago. 2012 (adaptado).

O texto apresenta uma reflexão sobre saúde e aponta o excesso de peso e de gordura corporal dos indivíduos como um problema, relacionando-o ao

A padrão estético, pois o modelo de beleza dominante na sociedade requer corpos magros.

B equilíbrio psíquico da população, pois esse quadro interfere na autoestima das pessoas.

C quadro clínico da população, pois a obesidade é um fator de risco para o surgimento de diversas doenças crônicas.

D preconceito contra a pessoa obesa, pois ela sofre discriminação em diversos espaços sociais.

E desempenho na realização das atividades cotidianas, pois a obesidade interfere na *performance*.

Questão 128 – Enem 2015/1ª aplicação – Caderno Amarelo

QUESTÃO 121

Disponível em: www.casualciclo.com. Acesso: 2 ago. 2012.

A charge retrata um comportamento recorrente nos dias atuais: a insatisfação das pessoas com o peso. No entanto, do ponto de vista orgânico, o peso corporal se torna um problema à saúde quando

- **A** estimula a adesão à dieta.
- **B** aumenta conforme a idade.
- **C** expressa a inatividade da pessoa.
- **D** provoca modificações na aparência.
- **E** acomete o funcionamento metabólico.

Questão 121 – Enem 2015/2ª aplicação – Caderno Amarelo

QUESTÃO 128

Organizados pelo Comitê Intertribal Indígena, com apoio do Ministério dos Esportes, os Jogos dos Povos Indígenas têm o seguinte mote: "O importante não é competir, e sim, celebrar". A proposta é recente, já que a primeira edição dos jogos ocorreu em 1996, e tem como objetivo a integração das diferentes tribos, assim como o resgate e a celebração dessas culturas tradicionais. A edição dos jogos de 2003, por exemplo, teve a participação de sessenta etnias, dentre elas os kaiowá, guarani, bororo, pataxó e yanomami. A última edição ocorreu em 2009, e foi a décima vez que o torneio foi realizado. A periodicidade dos jogos é anual, com exceção do intervalo ocorrido em 1997, 1998, 2006 e 2008, quando não houve edições.

RONDINELLI, P. Disponível em: www.brasilescola.com. Acesso em: 15 ago. 2013.

Considerando o texto, os Jogos dos Povos Indígenas assemelham-se aos Jogos Olímpicos em relação à

A quantificação de medalhas e vitórias.
B melhora de resultados e *performance*.
C realização anual dos eventos e festejos.
D renovação de técnicas e táticas esportivas.
E aproximação de diferentes sujeitos e culturas.

Questão 128 – Enem 2015/2ª aplicação – Caderno Amarelo

QUESTÃO 130

A dança moderna propõe em primeiro lugar o conhecimento de si e o autodomínio. Minha proposta é esta: através do conhecimento e do autodomínio chego à forma, à minha forma — e não o contrário. É uma inversão que muda toda a estética, toda a razão do movimento. A técnica na dança tem apenas uma finalidade: preparar o corpo para responder à exigência do espírito artístico.

VIANNA, K.; CARVALHO, M. A. **A dança.** São Paulo: Siciliano, 1990.

Na abordagem dos autores, a técnica, o autodomínio e o conhecimento do bailarino estão a serviço da

Ⓐ padronização do movimento da dança.
Ⓑ subordinação do corpo a um padrão.
Ⓒ concretização da criação pessoal.
Ⓓ ideia preconcebida de forma.
Ⓔ busca pela igualdade entre os bailarinos.

Questão 130 – Enem 2015/2ª aplicação – Caderno Amarelo